O poder

DATE DUE

	NOV 2 5 2009		

Aparecida Liberato
& Beto Junqueyra

O poder que vem do seu NOME

**Transforme sua vida profissional
utilizando a Numerologia**

4ª Edição

SEXTANTE

preparo de originais: Regina da Veiga Pereira
revisão: José Tedin Pinto, Luis Américo Costa e Sérgio Bellinello Soares
projeto gráfico e diagramação: Marcia Raed
ilustrações internas: Suppa
capa: Miriam Lerner
fotolitos: R R Donnelley
impressão e acabamento: Geográfica e Editora Ltda.

CIP-BRASIL. CATALOGAÇÃO-NA-FONTE
SINDICATO NACIONAL DOS EDITORES DE LIVROS, RJ

L666p   Liberato, Aparecida
         O poder que vem do seu nome / Aparecida Liberato &
Beto Junqueyra. – Rio de Janeiro: Sextante, 2005.

         Inclui bibliografia
         ISBN 85-7542-189-1

         1. Numerologia. 2. Simbolismo dos números.
I. Junqueyra, Beto II. Título.

05-2335.   CDD 133.335
                                 CDU 133:511

Todos os direitos reservados, no Brasil, por
GMT Editores Ltda.
Rua Voluntários da Pátria, 45 – Gr. 1.404 – Botafogo
22270-000 – Rio de Janeiro – RJ
Tel.: (21) 2286-9944 – Fax: (21) 2286-9244
Atendimento: 0800-22-6306
E-mail: atendimento@esextante.com.br
www.sextante.com.br

"Este livro eu dedico à minha família,
que sempre me ensinou a olhar as pessoas
com respeito, valorizando a grandeza
que existe em cada uma delas."

APARECIDA LIBERATO

"Dedico este livro aos meus pais,
Alberto e Thaïs, que sempre foram cúmplices
da minha trajetória profissional,
em especial da minha carreira de escritor."

BETO JUNQUEYRA

SUMÁRIO

NA HORA "H"...

"Lamento, mas com uma empresa com esse nome eu não faço negócio!"

Foi com essa frase tão surpreendente quanto absurda que o presidente de uma holding do mercado imobiliário decretou a sorte da minha empresa na disputa por uma importante conta publicitária.

Por alguns segundos voltei no tempo. Eu não podia acreditar. Fiquei atônito. Não apenas por causa da derrota, mas também pelo motivo da minha desqualificação. Eu havia sido muito bem indicado e preparara com carinho o material de apresentação. No início, quando enviei minha proposta, eu tinha a esperança natural de todo publicitário que disputa uma conta. Meu otimismo aumentou quando fui chamado para uma reunião, nada mais, nada menos do que com a pessoa que decidiria qual agência de propaganda iria ganhar a concorrência. Eu estava empolgado. E, a cada minuto que me aproximava daquele encontro, ficava mais convencido de que o negócio já era da minha empresa. Afinal, ele não me chamaria apenas para dizer que eu havia perdido. A conta era minha. Só podia ser. Está ganha, eu pensava. Mas não estava...

Voltei à realidade. A conta estava longe de ser minha. Na verdade, eu me encontrava ali diante do presidente da minha ex-conta, que, com um semblante de desaprovação, me olhava firmemente. E eu, totalmente sem chão, tentava entender aquele quadro, por mais absurdo que pudesse ser: o problema era com o nome da minha empresa, e não com a minha capacidade e o meu talento. O diálogo foi ficando cada vez mais surpreendente:

"Você fez um estudo numerológico para colocar este H aqui, não foi?!"

Respondi afirmativamente, embora constrangido. Cada vez mais perplexo com o rumo da reunião, contei a minha história desde o início. Poucos anos após ter montado minha agência de propaganda, conheci um numerólogo que sugeriu que eu colocasse um H no nome. Na época, eu prestava serviços para uma marcenaria, e a proprietária contratara o numerólogo para ajudar a criar um nome e uma logomarca. Achei aquilo uma "viagem" de mulher executiva, mas, como estava no começo da minha vida de empreendedor e não tinha escolha, acabei aceitando aquela assessoria. Entre uma conversa e outra, o numerólogo também fez sugestões para os meus negócios prosperarem. A principal tinha sido que, *se* eu colocasse uma letra "H" no nome da minha empresa, "as coisas aconteceriam muito mais rápido para mim". Como sempre gostei de ver para crer, e seguindo as palavras da minha mãe – "No creo en brujas, pero que las hay, las hay" –, resolvi arriscar.

Aposta infeliz: acabei me dando mal. Para minha surpresa ainda maior, o presidente daquele grande conglomerado, uma pessoa certamente muito ocupada, parecia interessado em dar um conselho ao publicitário que perdera a conta. Não resisti e indaguei a razão daquela pergunta sobre o estudo numerológico, e ele não hesitou em me responder: "Olha, Wilson, eu precisava lhe dizer isso pessoalmente. Você foi muito bem indicado, seu trabalho é ótimo, mas faço sempre um estudo numerológico das empresas que participam de qualquer projeto que pretendo iniciar. A sugestão do seu numerólogo está completamente equivocada. O Número da sua empresa não tem uma boa vibração. Definitivamente, não é um bom Número. Chamei você aqui porque, como estudioso do assunto, achava que você tinha sido enganado, como acontece com freqüência, pois há muito charlatão por aí. Eu me senti na obrigação de aconselhá-lo. O que sugiro é que procure um numerólogo conceituado e refaça o estudo da sua empresa."

Saí da reunião transtornado, sem acreditar no que estava acontecendo. "Perder uma concorrência só por causa de um H? Estão brincando comigo!", pensava a todo instante. Minha indignação aumentava a cada minuto. "Só tem doido neste mundo. Como pode o presidente de uma holding usar esse critério para fechar um negócio?!"

Para complicar ainda mais, eu estava passando por um doloroso processo de separação no casamento. Era só o que me faltava. Os negócios também não andavam lá grande coisa, e aquele H me perturbando a vida. Se não fosse aquela letra, eu certamente teria ganho o negócio. Uma grande conta. Mas, na hora "H", foi um "H", um simples e insignificante "H" que me derrubara.

Duas perguntas ficaram martelando na minha cabeça: seria esse "H" tão insignificante mesmo? Ou o nome de uma empresa ou mesmo o nome de uma pessoa eram muito mais importantes do que eu imaginava?

Acabei não resistindo e resolvi conhecer melhor a Numerologia. Entrei na Internet, consultei vários sites e conversei com alguns clientes. Meu ceticismo foi diminuindo. Constatei que muitos empresários de sucesso realmente já utilizavam de alguma forma a Numerologia. Descobri também que até grandes montadoras de automóveis, quando lançam um novo modelo, fazem antes o estudo numerológico do possível nome. E eu, que sempre me gabara de não ter preconceito contra coisa alguma e ser aberto a novidades, estava completamente mal informado sobre uma ciência cada vez mais presente em todas as atividades profissionais e na vida das pessoas. Passei a comentar com todos o que estava me acontecendo, e um amigo emprestou-me um livro básico de Numerologia, que devorei rapidamente.

Cada vez mais fascinado pelo assunto, logo marquei uma consulta com a numeróloga autora do livro, para quem pude expor tudo o que estava acontecendo. Ela fez um estudo numerológico do nome da minha empresa e do meu nome de nascimento. Um dossiê completo foi levantado e até coisas íntimas, peculiaridades da minha personalidade, vieram à tona, para minha total surpresa. Fiquei boquiaberto com a precisão dos acertos e disposto a aplicar tudo o que estava escrito ali.

Tiramos o "H" e mudamos o nome da minha agência. A numeróloga também me sugeriu algumas cores que ajudariam a dar proteção e trazer sucesso para a empresa, e como bom publicitário resolvi utilizá-las na nova logomarca. Acrescentamos uma letra ao número do novo conjunto comercial que aluguei e logo comecei a prosperar.

Não podia acreditar. Em três anos, a estrutura da nossa agência triplicou e temos conquistado contas bastante interessantes. Contamos naturalmente com o nosso empenho e o nosso talento. Mas nada se compara aos tempos da empresa com "H".

Na minha vida pessoal, as indicações da Numerologia também foram acertadas. No estudo com base na minha data de nascimento e no meu nome, precisou-se até o mês em que eu começaria a refazer minha vida afetiva. Como disse, estava passando por um longo e penoso processo de separação. No dia em que fui receber o dossiê, falei sobre isso e a numeróloga

disse que o estudo indicava que em agosto tudo estaria resolvi-
do. Era março. E não é que em agosto eu já estava entrando em
uma nova casa e recomeçando minha vida pessoal?!

Se havia algum resquício de ceticismo, ele tinha acabado.
Minha energia era outra...

W . S .

NUMEROLOGIA:
DE ONDE VEM ESSA CIÊNCIA MILENAR

Por mais convincente que seja o testemunho do publicitário, ele certamente vai despertar em você vários questionamentos. Afinal, qual é a base da Numerologia? Qual é sua origem? Quem a utiliza? Essas perguntas vêm naturalmente à nossa cabeça quando travamos o primeiro contato com a Numerologia. Por isso, é fundamental fazermos uma viagem na história e compreendermos a força dessa ciência ao longo do tempo. Depois, entendendo os significados dos Números, a viagem vai levar você a outro destino: o seu interior. E a partir daí, com a prática e o dia-a-dia, você vai começar a sentir o quanto a Numerologia pode revelar sobre a sua vida, ajudando a escolher melhor os seus caminhos. Mas vamos a uma viagem de cada vez. Primeiro, precisamos entender como tudo isso começou.

Desde os tempos mais remotos, as pessoas sentem-se atraídas pelo misterioso mundo dos números. Além de servirem para calcular e informar sobre medidas, os números estiveram sempre presentes em rituais religiosos e mágicos, por serem considerados forças vivas que carregam energia. Não é por simples acaso que os números eram valorizados em civilizações de grande sabedoria. Na Mesopotâmia, na tradição chinesa e hindu, entre os maias, assim como nas tribos da África, com os índios americanos e em muitas outras culturas, os números exerciam um papel importante na vida das pessoas.

A base da Numerologia moderna começou com o filósofo e matemático grego Pitágoras. Para ele, "todas as coisas podem ser transformadas em números, e todas as experiências da vida estão contidas nos Números de 1 a 9". Nos ensinamentos de Pitágoras, a idéia de ordem é fundamental. Há uma harmonia no Universo que acontece respeitando determinados princípios e obedecendo a uma determinada progressão que está diretamente associada aos Números de 1 a 9. Esta ordem é encontrada na música, na matemática, no cosmo. Ela também direciona os seres vivos, a sociedade e a ética. Podemos resumir a obra de Pitágoras através da sua máxima: "A evolução é a lei da vida, o número é a lei do Universo, e a unidade é a lei de Deus."

Cada civilização tinha o seu próprio código de números, e algumas delas, como as dos antigos gregos, dos hebreus e dos árabes, relacionavam os números às letras de seu alfabeto, cada uma com um significado específico.

Reunimos a seguir alguns exemplos para ilustrar a força que os Números sempre exerceram na história da humanidade.

- O 1 é o início de tudo, a ação, a criação, a essência vital, a força do impulso. Eu faço! Eu sou! Sua representação geométrica é o ponto. É considerado por muitas tradições místicas e religiosas como o símbolo de Deus, a causa original, a fonte de todas as coisas e a unidade do Universo inteiro. Para os babilônios, 1 era Anu, o deus do céu, e para os egípcios era Ra, o deus do Sol.
- O 2 é o princípio receptivo. Aparece simultaneamente ao número 1. Sem um, não pode existir o outro. O 2 estabelece a polaridade, a referência. São 2 pontos que, unidos, formam a reta. Eles dão a idéia de direção. Complementam-se, mas

também se opõem. Adão e Eva, céu e inferno, claro e escuro, medo e coragem, Yin e Yang, o bem e o mal.

- O 3 é o equilíbrio dos opostos 1 e 2. É também o produto da união de 1 e 2. É a frutificação. Após os 2 pontos, o 3º cria um plano, o triângulo, a trindade. As trindades movimentam o Universo. Para Pitágoras, o 3 é a pluralidade e a multiplicidade. O 3 é um número perfeito. Para os gregos, é um número de poderes mágicos, associado aos seus deuses. Vários aspectos importantes da nossa existência estão resumidos em 3 pontos. Há 3 fases da existência humana: nascimento, vida e morte. Passado, presente e futuro; pensamentos, palavras e obras; manhã, tarde e noite; começo, meio e fim; estados sólido, líquido e gasoso; 3 reinos da natureza: animal, vegetal e mineral; as 3 cores primárias: vermelho, amarelo e azul.

  Existem tríades em muitas civilizações. Para os cristãos, Deus é um em 3 pessoas: Pai, Filho e Espírito Santo; há 3 cruzes, Jesus foi negado 3 vezes por Pedro, no 3º dia subiu aos céus; Adão teve 3 filhos, assim como Noé. Os 3 reis magos. Para os romanos e para os gregos o número 3 tinha grande poder: as festas duravam 3 dias, e para trazer sorte eram sacrificados 3 animais. São 3 os elementos da alquimia: o enxofre, o mercúrio e o sal. Aristóteles já dizia: "O que é feito 3 vezes se torna lei." E assim o 3 seguiu sendo referência até hoje: 3 desejos, 3 chances, 3 batidas na madeira...

- O 4 é o número imediatamente relacionado com o mundo material. O 4º ponto dá a idéia de volume – o sólido, o quadrado. O 4 dá a estrutura, a forma, a base e a ordem do mundo: 4 fases da Lua (o que organizou o tempo); as 4 estações do ano; as direções determinadas pelos 4 pontos cardeais; as 4 operações da aritmética: divisão, multiplicação, soma e subtração; os

4 aspectos do ser: físico, mental, espiritual e emocional. Para Pitágoras, o número 4 é especial, pois era visto como uma das chaves da natureza, já que muitos de seus fenômenos aconteciam em grupos de 4. Com os 4 elementos é que se forma o cosmo: terra, água, ar e fogo. Ou seja, o 4 é a base e forma as raízes de todo o Universo e da existência. Além disso, 4 eram as principais harmonias musicais que, de acordo com Pitágoras, representavam as partes da psique não só do indivíduo mas também do cosmo. Portanto, no 4 estava a estrutura do Universo.

• O 5 introduz a idéia de movimento, de velocidade e de tempo que acaba com a estabilidade, a determinação e a ordem limitada do 4. Simboliza a revolução sem a qual a transformação e a evolução não seriam possíveis. A quinta-essência, o objetivo dos alquimistas medievais, era a grande renovação, o 5º elemento, aquele que vai mais além dos 4 elementos que dão a forma, para então ousar e buscar o princípio da vida, aquele que se sobrepõe à morte, a renovação constante da vida.

Na tradição chinesa existem 5 elementos que se inter-relacionam em constante movimento e transformação: fogo, terra, metal, água e madeira. Formam o ciclo de shen, a relação criadora, e o ciclo de k'o, a relação destrutiva: a terra engole a água; a água apaga o fogo; o fogo derrete o metal; o metal corta a madeira; a madeira vira terra.

O 5 é o número da transformação, fruto da união do feminino 2 com o masculino 3, a união dos desiguais, dos opostos, capaz de provocar movimento, evolução e revolução.

O pentagrama, a estrela de 5 pontas, era usado pelos gregos e romanos como amuleto para proteger o portador de espíritos malignos. Ele foi sempre considerado um possuidor de poderes, um talismã de proteção e saúde. Representa o homem integrado, ou seja, a consciência do ser humano, além de seu corpo físico. Um amuleto de proteção usado pelos muçulmanos é a mão com 5 dedos. Na religião islâmica há os 5 Pilares da Fé, e os rituais de oração são feitos 5 vezes ao dia. Para os maias, o 5 era um número-chave, pois é o que provoca o movimento, colocado no ponto central dos 4 pontos cardeais, como uma cruz. Goethe o considerava um número sagrado, cujo movimento contrastava com a permanência do 4. O 5 é transgressor.

- Deus criou o mundo em 6 dias e no $7^{\underline{o}}$ descansou. Segundo Santo Agostinho, "Deus fez o mundo em 6 dias porque o 6 é o número perfeito". É o número do lar, do equilíbrio e da harmonia. A semana tem 6 dias e um $7^{\underline{o}}$ dia para o descanso.

A Estrela de Davi, a estrela de 6 pontas, tem uma forma perfeita (dois triângulos): simboliza o encontro entre o homem e o Divino. O $6^{\underline{o}}$ sentido é um certo aprimoramento da inteligência.

- O 7 é o número sagrado e mágico que rege os mistérios ocultos, as cerimônias religiosas e a clarividência. Número místico por excelência, o 7 tem sido considerado um número de poder por quase todos os cultos e tradições.

O Número 7 é o da perfeição. Deus abençoou o $7^{\underline{o}}$ dia e reservou-o como sagrado, inteiramente dedicado a Ele. O 7 é o número da plenitude cíclica no hebraico antigo. O Número 7 é mencionado 323 vezes na Bíblia. Os 7 últimos flagelos da humanidade. A queda dos muros de Jericó, relatada no livro de Josué, foi realizada com a força do Número 7.

Em Apocalipse, por João: "Vi, na mão direita daquele que estava sentado no trono, um livro escrito por dentro e por fora, selado com 7 selos. Quando o último selo for quebrado, a história terá chegado ao fim e o Grande Julgamento terá início."

Os 7 machos e as 7 fêmeas eram os animais de cada espécie que Noé deveria colocar em sua arca. O Número 7 tem um significado mágico em toda parte: os japoneses descobriram os 7 deuses da felicidade; Roma erguia-se sobre 7 colinas; os antigos enumeravam as 7 maravilhas do mundo; a travessia dos 7 mares; os 7 pecados capitais; Agente 007; 7-UP; os 7 anões; os 7 ventos; o raio branco se decompõe em 7 cores; as 7 pragas; as 7 cores do arco-íris; as 7 vidas do gato; o 7º céu; as 7 notas musicais; trancado a 7 chaves; bola 7; o homem de 7 instrumentos.

O Número 7 é considerado tão perfeito que a medida do tempo, mais precisamente do segundo, é definida pelo relógio atômico do elemento césio, de número 133, total 7.

Na China, a alma precisa de 7 unidades de tempo para ficar livre do corpo. Na Alemanha, se você quer assar um bom bolo, precisa de 7 ingredientes. Para os egípcios, o 7 é o símbolo da vida eterna. É, por isso, puro e essencial.

Segundo a tradição japonesa e tibetana, o estado intermediário entre a vida e a morte dura 7 dias. Para Hipócrates, o 7 dá vida e movimento. Cada período do ciclo lunar é de 7 dias.

O mantra (ou *Maha Mantra*), considerado a essência de toda a conexão com Deus, é cantado pelos devotos iniciados no hinduísmo:

HARE KRISHNA HARE KRISHNA
KRISHNA KRISHNA HARE HARE
HARE RAMA HARE RAMA
RAMA RAMA HARE HARE

Os mestres espirituais aconselham que se cante o mantra diariamente um mínimo de 16 voltas da *Japa Mala* (rosário hindu com 108 contas). E o mantra tem 16 palavras: 16 na Numerologia vira 1 + 6 com o resultado 7.

O 7 une o número do espírito, o 3, com o da matéria, o 4. Portanto, ele integra os dois mundos e é considerado símbolo da totalidade do Universo em transformação. Na Grécia antiga havia 7 sábios. Na tradição sânscrita há freqüentes referências ao Número 7. As tabuletas assírias estão cheias de grupos de 7: 7 deuses do céu, 7 deuses da terra. Para os caldeus, o número 7 era sagrado. Eliseu ordenou que Naamã mergulhasse 7 vezes no Jordão para curar-se de lepra.

O Mitra persa, um Deus Sol, tinha o Número 7 consagrado a si. Platão, em seu *Timeu*, ensina que do Número 7 foi gerada a Alma do Mundo: *Anima Mundana*.

O 7 também representa o triunfo do espírito sobre a matéria. 7 são os anjos diante do trono de Deus (Gabriel, Miguel, Haniel, Rafael, Camael, Zadquiel, Zafiel).

No judaísmo, o Número 7 é citado com muita freqüência: 70 pessoas desceram ao Egito com Jacó, seguiram-se 70 dias de luto à morte de Jacó, o povo judeu ficou exilado na Babilônia durante 70 anos, 70 anciões profetizaram com Moisés, 70 nações irão reconhecer a grandeza da Torá, recompensas e punições são repetidas 7 vezes, 7 bênçãos fazem parte da cerimônia do casamento.

• O 8 representa o início de uma nova vida, a regeneração. Na tradição cristã, o 8º dia, seguindo o 6º da criação e o 7º do descanso, aparece como a conclusão da criação e o começo de um ciclo novo, de um renascimento e da renovação. É considerado o portão da eternidade, porque vem depois do

Número sagrado 7. Na Arca de Noé, 8 almas foram salvas, e Noé foi a alma de Número 8 a descer. A circuncisão, entre os judeus, ocorre no 8º dia após o nascimento.

• O 9 é um número de grande sabedoria e poder espiritual, já que contém a experiência de todos os números anteriores. Representa a plenitude espiritual. O Número 9 associa-se à totalidade e à conclusão: Cristo morreu na 9ª hora do dia. A gestação dura 9 meses. Ao final de uma novena (9 tempos), o fiel alcança uma graça. O cerco a Tróia durou 9 anos. São 9 os anjos que governam os céus. São também 9 as musas da mitologia grega. A ordem dos Templários foi fundada por 9 cavaleiros depois de um período de preparação de 9 anos.

Enfim, o Número 1 abre a série dos dígitos simples, e o 9 a encerra, sendo extremos opostos. O 1 representa individualidade, e o 9, universalidade, fechando o ciclo iniciado no 1. A totalidade do Número 9 está reforçada pelo fato de que há 360 graus em um círculo e que $3 + 6 + 0 = 9$.

• Um outro número importante dentro da Numerologia é o 11. Trata-se do número da espiritualidade, é o caminho tido como de especial grandeza, pois é o dos que chegam a olhar para Deus e que também permite atravessar os portais sagrados.

Os exemplos do uso dos números ao longo da História chegam ao infinito. O importante é que você perceba a força que eles sempre exerceram na história da humanidade e, com isso, vá criando maior intimidade com esta energia.

A primeira pergunta que as pessoas me fazem é:
"Como você começou a se interessar por Numerologia?"

Por Aparecida Liberato

Nasci com um Destino 13/4 e fui agraciada com os talentos necessários para provocar transformações na minha vida e na vida de outras pessoas. Minha opção profissional foi a Fonoaudiologia, e durante 25 anos me dediquei de maneira intensa ao atendimento de pessoas com problemas de linguagem, modificando totalmente suas condições de comunicação. Foi muito gratificante. Minha formação e atividade como terapeuta estavam totalmente relacionadas com testes, observações, diagnósticos, hipóteses e suas comprovações – ou seja, ciência.

Porém, desde muito cedo na vida eu me interessei por questões e fatos que não estavam ligados diretamente ao conhecimento científico. Devorava livros sobre povos antigos, seus rituais, suas crenças e seus símbolos. Investia em determinados estudos, e a Numerologia foi um deles. Começou como simples curiosidade, mas, de repente, abriu-se diante de mim um mundo de conhecimento fantástico e totalmente novo.

"Como é possível?", eu me perguntei ao transformar as letras do meu nome em números." O meu nome fala sobre mim. TUDO!"

Comecei então a estudar avidamente todos os meus números, o do nome e o da minha data de nascimento. Tinha diante de mim um sistema de símbolos cheios de significados!

À medida que avançava, passei a compreender, de maneira especial e clara, sobre a essência do meu ser e a minha alma. Entendi a razão da minha escolha profissional, das minhas atitudes e comportamentos, compreendi melhor as minhas necessidades e angústias, entendi por que eu me interessava tanto pelas crenças dos povos antigos. Afinal minha Lição de Vida é 7! Enfim, passei a encontrar respostas para inúmeros questionamentos sobre a minha vida. Pude começar a montar as peças do quebra-cabeça que era a minha própria existência. Tudo passou a ter um incrível sentido!

A partir dessa descoberta, comecei a analisar os números das pessoas conhecidas, dos amigos e da família. Minha compreensão acerca dessas pessoas aumentou sensivelmente! Podia vê-las de maneira muito mais real! Ficou mais fácil aceitá-las, pois conseguia compreendê-las!

Não parei mais. Mergulhei nesse estudo tão intensamente que passei a aplicá-lo em minha vida. Naquela época, eu usava o meu nome de casada. Ao entrar num ano de energia 5, um ano em que se processam muitas mudanças, resolvi passar a assinar Aparecida Liberato, um nome de energia 5. Grandes transformações começaram a acontecer na minha vida. É claro, eu as idealizei, lutei por elas, me mobilizei em direção aos meus objetivos, mas sei que a energia do meu novo nome somada à energia do ano numerológico aceleraram muito o processo para que eu fizesse da Numerologia a minha nova profissão. Uma excepcional via de conhecimento e uma forma extremamente gratificante de ajudar os milhares de pessoas que assistiram às minhas palestras, leram meus livros e passaram por meu consultório.

OS VERDADEIROS NÚMEROS DO SUCESSO DE HARRY POTTER

V amos agora revelar uma história fantástica de números mágicos em todos os sentidos. Ao contar a brilhante trajetória da autora de Harry Potter, iremos mencionar alguns números cuja influência e importância você ainda desconhece. Não se preocupe. No próximo capítulo você vai entender o que cada número significa e a energia correspondente a cada um deles e que tanto influencia a nossa vida.

Por ocasião do lançamento do quinto livro da série Harry Potter, da escritora J. K. Rowling, foi anunciado que as vendas totais já haviam ultrapassado a espantosa casa dos 250 milhões de exemplares. Somente na primeira tiragem de *Harry Potter e a Ordem da Fênix* em inglês atingiu-se a cifra recorde de 8,5 milhões de cópias. E com o lançamento do sexto e do sétimo títulos, os números seguem esta trajetória estratosférica. Se na literatura a autora da obra do menino feiticeiro é um grande fenômeno, no cinema seu sucesso não fica atrás, e os números são igualmente espetaculares: a título de exemplo, o terceiro episódio, *Harry Potter e o prisioneiro de Azkaban,* faturou cerca de cem milhões de dólares somente na estréia nos EUA. É um dos maiores sucessos de bilheteria de todos os tempos.

Qualquer número que se refira à obra de Harry Potter, traduzida em 47 línguas, será sempre grandioso. Os números não mentem: J. K. Rowling é uma autora de sucesso e sua obra já pode ser

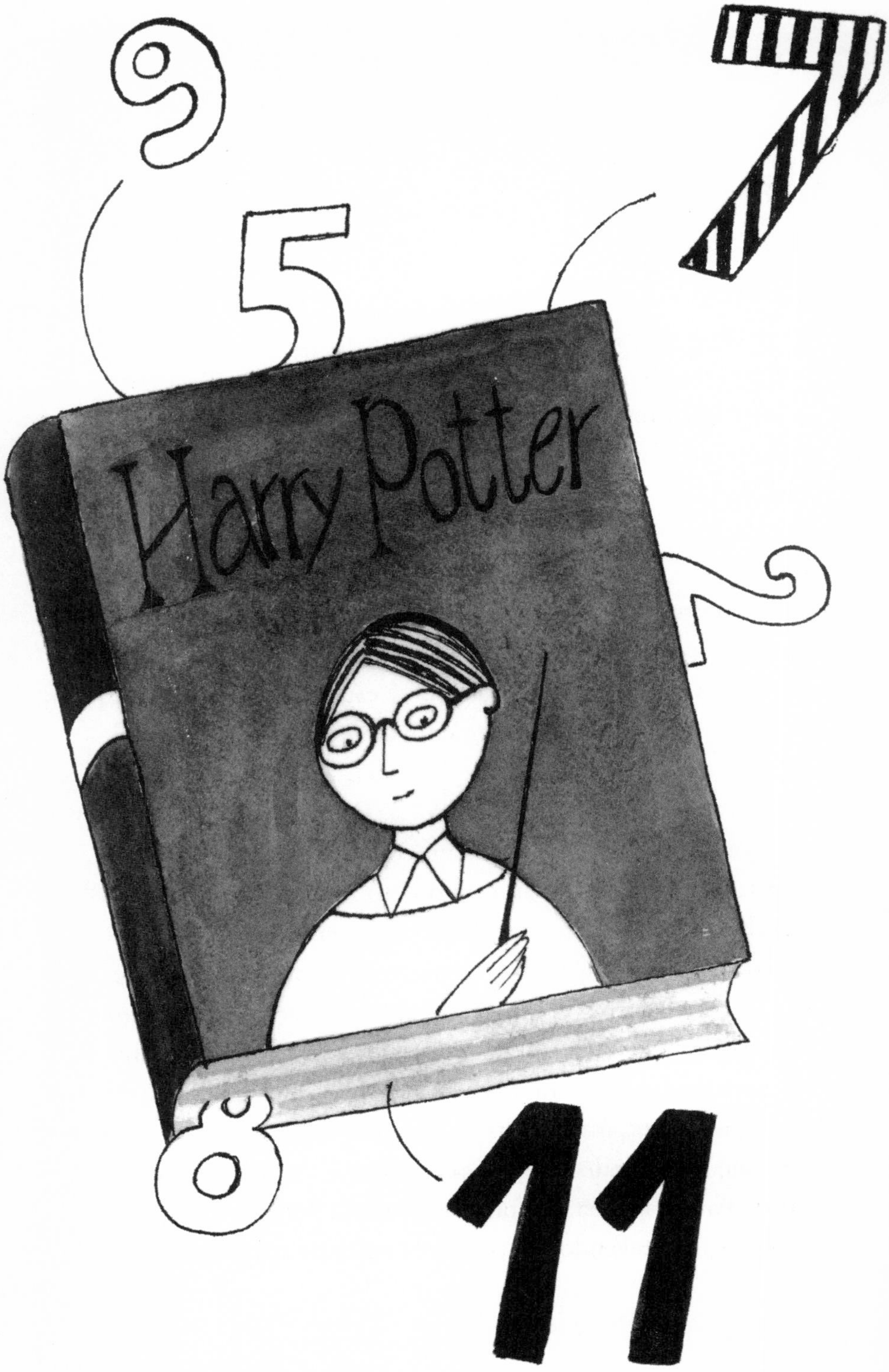
Harry Potter

considerada um clássico da literatura universal. Mas não são apenas os números dos resultados de vendas que não mentem. Analisando a trajetória de J. K. Rowling, acreditamos que a escritora buscou na *energia* dos números o grande impulso para toda a sua obra.

No entanto, antes de conhecer o caminho da realização, J. K. Rowling passou por momentos difíceis...

O nome de nascimento Joanne Rowling, cujo valor é 4, trouxe-lhe uma forte energia de perseverança, apego ao trabalho e à ordem e enorme necessidade de concretizar seus desejos. Além disso, ela possuía uma imensa capacidade de transformar a vida, renovando constantemente as suas oportunidades e modificando o que já estava estabelecido. Em suma, Joanne Rowling nasceu com vocação para buscar incansavelmente os seus objetivos. Mas os caminhos que teve de percorrer nem sempre foram fáceis. Muito pelo contrário.

Formada em Língua Inglesa, saiu de sua terra natal, a Escócia, para tentar a vida como professora em Portugal. Casou-se com um jornalista e teve uma vida cheia de percalços. Cinco meses após o nascimento de Jessica, a primeira filha, Joanne separou-se e voltou para a Escócia. Em Edimburgo, ela enfrentou um período duríssimo. Contava com a ajuda da Previdência Social, que lhe dava um pequeno auxílio que mal atendia às suas necessidades básicas. Morava num modesto apartamento sem mobília e sequer tinha dinheiro para custear a calefação e enfrentar o rigoroso inverno europeu.

Todavia, Joanne tinha uma energia de luta que lhe dava forças para seguir em frente. Desta maneira, a idéia de escrever livros para crianças foi ganhando forma. Enquanto balançava o carrinho embalando a filha, aproveitava o calor dos cafés da cidade para criar sua grande obra. Passava horas a fio fazendo anotações, escrevendo e revisando. Lembrava sua infância, dos vizinhos, das brincadeiras de feiticeiros e bruxas. E assim ela foi desenvolvendo sua obra. Joanne levou cinco anos para concluir *Harry Potter e a pedra filosofal,* seu primeiro livro.

De posse do seu manuscrito, ela procurou uma agência literária que se interessou pelo material. No entanto, somente após ter sido avaliado por uma dúzia de editoras, finalmente a Bloomsbury acreditou no enredo de um menino-bruxo, sem grandes músculos, sem ares de super-herói, apenas com os poderes mágicos que toda criança gostaria de ter.

No início, quando enviou o manuscrito à agência literária, a escritora assinava tanto Joanne Rowling, seu nome de nascimento, como J. Rowling. No entanto, nem a energia do seu nome de nascimento, 4, nem a da sua assinatura traziam as vibrações necessárias para a realização profissional. Ela possuía uma vibração suficiente para desenvolver uma grande capacidade de trabalho, agindo de forma prática e voltando-se para a produção de algo concreto, com perseverança e dedicação. Mas ainda era preciso a energia adicional de um canal que pudesse dar vazão a toda aquela vocação. E Joanne Rowling encontrou-o.

Ao fechar o contrato com a Bloomsbury, ela passou a assinar J. K. Rowling, nome que apareceria estampado na capa do seu primeiro livro, *Harry Potter e a pedra filosofal.* Jo, como era conhecida na intimidade, agregou ao seu nome de nascimento a letra "K", inicial do nome da sua avó Kathleen. Assim, ela passou a usar J. K. Rowling, o que a fez receber a força da energia 11. Trata-se de um número-mestre que pode conferir a quem o tem uma luz especial, um grande potencial de realização. Mais do que isso, o 11 leva a uma intensa conexão com a consciência cósmica.

Acreditamos que Joanne Rowling sabia muito bem o que estava fazendo quando adotou o nome com que assinaria toda a sua obra. Ela também devia saber que uma combinação de números trazida pelo seu nome profissional e os números de seu nome de registro, mais a energia do ano numerológico em que se encontrava, poderia potencializar a sua capacidade para dar uma brilhante guinada na vida. Tanto é que, ainda nesse ano, ela se formou professora, conseguiu uma bolsa para jovens autores e ganhou dois prêmios do Conselho Escocês de Artes.

Após três dias do lançamento no Reino Unido, uma editora norte-americana percebeu o enorme potencial do livro e comprou os seus direitos por 100 mil dólares. E daí para a frente o sucesso veio a galope. Uma questão foi intrigando cada vez mais os críticos literários, em especial os mais conservadores:

Como uma mulher desconhecida da Escócia, autora de histórias nas quais o herói é um menino franzino, conseguira em pouquíssimo tempo alcançar o sucesso e virar notícia?

Entrevistas, debates e mesas-redondas em todo o mundo levavam os críticos a acaloradas discussões. E a questão continua no ar até hoje. *Afinal, qual é a verdadeira magia de Harry Potter e sua criadora?*

Após anos de pesquisas em sites, estudando a biografia de Rowling, lendo seus livros em inglês e português, checando dados, observando as notícias na imprensa e acompanhando suas entrevistas, chegamos a uma incontestável conclusão. Não há como negar que a resposta está na força dos números. Eles podem indicar os nossos melhores caminhos em todos os campos, do pessoal ao profissional. J. K. Rowling sabia disso e potencializou sua capacidade e seu talento com o contexto das histórias que criou, aproveitando a energia dos números.

O número é um elemento simbólico que faz parte do inconsciente coletivo. Além de revelar a qualidade de determinada situação, o número é uma idéia em si, tem força e é capaz de influenciar pessoas e eventos. A trajetória bem-sucedida de Harry Potter deve-se ao uso potencializado dos números que estão em consonância com o assunto. Não foi apenas o número do nome de J. K. Rowling, um Número 11, que favoreceu sua trajetória. Também acreditamos que a autora tenha colocado nas suas histórias a energia e o conhecimento da Numerologia. Na pesquisa feita desde o primeiro livro, nota-se que J. K. Rowling utiliza na série Harry Potter determinados números que aparecem repetidamente. Os números utilizados pela escritora são em especial o 11 e o 7. O 11, um número-mestre, foi o que J. K. Rowling escolheu para a assinatura de toda a obra: ele tem um potencial enorme de realização, pois, como veremos mais adiante, é um número de luz e de revelação. É uma porta da mente, aberta para o transcendental. Ele também nos traz grande capacidade de conhecimento e compreensão, além de uma força interior que leva inspiração à humanidade. A energia 11 espalha conhecimento, abre-se para a espiritualidade e carrega o potencial para a percepção extra-sensorial.

Logo de partida, a autora coloca um nome 11 justamente no personagem principal: Harry Potter. E continua usando esta energia nos nomes e números mais importantes da obra, potencializando, desta maneira, todo o poder do Número 11. Harry Potter nasceu no dia 31/7, um total 11. A história começa na cidade de London (Londres em inglês), que é um Número 11. O bruxo entrou na escola de Hogwarts, com 11 anos. Seus pertences, importantes para fazer o curso de bruxos na Escola Hogwarts, são sua varinha mágica, que mede 11 polegadas. A energia do nome do animal de estimação do menino-bruxo, a coruja Hedwiges, é 11. Seu amigo e protetor, Hagrid, também tem a energia 11 em seu nome.

No livro *Harry Potter e a pedra filosofal*, antes de se dirigirem à estação para pegar o trem rumo à escola de bruxos, Harry Potter e seu amigo passaram no Banco Gringotes, onde, no cofre 713, somatório 11, encontrava-se guardada a tão desejada pedra filosofal. E não foi à toa que eles tiveram que se apressar, afinal o Expresso de Hogwarts partia às 11 horas!

Enquanto o 11 trouxe toda essa energia inspiradora e de realização de que Rowling precisava, o 7 atraiu para o enredo dos livros toda energia de magia e mistério. Afinal, estas são características deste número que, ao lado do 11, potencializou todo o conjunto da obra. O 7 é o número perfeito, religioso, adorado pelos antigos como um número sagrado. A ele estão associados poderes mágicos. É o número que rege os mistérios ocultos, as cerimônias ritualísticas e também a intuição. Número místico por excelência, o 7 tem sido considerado como uma vibração de poder por quase todas as culturas. Em poucas palavras, conhecimento é poder para o 7.

De fato, o 7 é usado por J. K. Rowling sempre que ela deseja trazer uma vibração de magia, poderes ocultos e uma certa idéia de perfeição e ciclo completado. Por isso, ela estabeleceu que escreveria uma série de 7 livros.

O pai de Harry, James Potter, um bruxo poderoso, tem um nome de energia 7. Harry mora com seus tios, após a morte dos pais, na cidade de Little Whinging, um nome 7, no condado de Surrey, outro 7. Harry Potter deixa a casa de seus tios para ir à escola de bruxos, um curso que dura 7 anos. No livro *Harry Potter e a pedra filosofal*, no caminho para a estação, ele passa no bar freqüentado por todos os bruxos, o Leaky Cauldron, um nome cuja energia é mais uma vez 7.

Sua varinha mágica custou 7 galeões de ouro! E foi justamente uma varinha muito poderosa que fez a cicatriz na testa de Harry. Ela media 13 e 1/2 polegadas: resultado 7 novamente $(1 + 3 + 1 + 2 = 7)$! Na loja Flourish and Blotts, 7, Harry Potter comprou o livro mais importante da escola, *A History of Magic*, cujo somatório dá mais uma vez 7. A plataforma em que tomam o Expresso Hogwarts é a 9 3/4, somatório 7 (9 + 3 + 4 = 16; como veremos a seguir, na Numerologia devemos reduzir as somas a um dígito, exceto para o 11. Assim, temos 16 ▶ 1 + 6 = 7). A escola tem 142 escadas, soma 7, e o retrato da mulher gorda fica no andar de Número 7. O quadribol, o esporte dos bruxos, é disputado por 7 jogadores de cada lado. E Sonserina, uma das equipes do colégio, conquistou o campeonato de quadribol pelo 7º ano consecutivo.

Não há o que contestar: o incrível sucesso de Harry Potter, além do enredo fascinante, deve-se ao uso potencializador dos Números 7 e 11, que estão em consonância com o assunto. Os números são definitivamente a chave do sucesso de J. K. Rowling!

Não foi por pura coincidência que a Editora Bloomsbury interessou-se em editar a obra. O número do nome da editora? 7!

Também não foi apenas nas histórias que Rowling fez uso da energia que esses números podem trazer. Até o planejamento de marketing seguiu as vibrações dos números.

O primeiro livro foi lançado na Inglaterra com o valor de 16,99 libras cujo somatório dá um 7. Foram 6,5 (=11) milhões de cópias rodadas nos Estados Unidos.

Dos seis livros escritos, dois têm uma energia 11 no título do original em inglês, e dois, uma energia 7.

J. K. Rowling concedeu em 2003 uma entrevista histórica no Royal Albert Hall, em Londres. A energia do nome do local: 7. Nesse dia ela convidou as crianças que estivessem com seu livro *Harry Potter and the Order of Phoenix* a acompanhar com ela a leitura da página 583, uma página cujo somatório também tem a energia 7!

Exatamente 7 anos após a autora ter começado a pensar nas histórias de Harry Potter é que o primeiro livro foi lançado.

Há muitos outros exemplos, mas você já deve ter notado a importância dos números na obra de Rowling. A escritora escocesa certamente conhecia a fundo a Numerologia. Esta ciência ensina qual a energia que abre as portas para o auto-conhecimento e para a realização profissional.

A esta altura, você deve estar querendo entender melhor o poder que existe em cada número e naturalmente saber qual é a energia que rege o seu Destino. Enfim, quer conhecer o número que revela as suas escolhas, os seus talentos, as oportunidades que você terá durante a vida. Também deve querer aprender como calcular novos números que possam ajudar a canalizar essa energia para que você possa expressar todo o seu talento. A partir deste conhecimento, você irá então finalmente poder escolher um nome profissional equilibrado. A ele chamamos *Nome de Realização*.

E é disso que começaremos a tratar a partir do próximo capítulo. Mas não leia este livro com pressa. Como abordaremos mais adiante, não basta calcular seus números. É imprescindível prestar atenção nos sinais da vida e usar um pouco a sua intuição. Assim, vá com calma, refletindo bastante sobre o que está aprendendo, observando suas atitudes, a reação dos outros e tudo o que ocorre à sua volta. É você quem encontrará as suas respostas e poderá experimentar novas perspectivas para a sua vida profissional* e, com isso, realizar-se plenamente.

---

* Este livro estuda as energias que determinam a sua realização profissional. Para entender as questões afetivas, leia nossa obra *Números e aromas do amor*, Editora Bestseller.

OS NÚMEROS QUE
IMPULSIONAM A SUA CARREIRA

Você pôde notar claramente que tanto o publicitário quanto a escritora J. K. Rowling fizeram uso da Numerologia para buscar equilíbrio e realização. Agora vamos começar a falar do que você mais quer saber: sua carreira profissional e como a Numerologia pode ajudar na sua busca de realização.

A nossa data de nascimento e o nosso nome de nascimento revelam a nossa energia para a vida. Apesar de esta ser a nossa essência e nada ser capaz de mudá-la, também podemos, como os antigos faziam, trazer outros números para as nossas vidas, de modo a acrescentar uma vibração adicional que pode estar nos faltando e que nos é necessária para expressar, de maneira equilibrada, os nossos talentos.

Sendo assim, um nome adotado após o casamento, um apelido ou o nome como você se apresenta no seu trabalho podem provocar um fortalecimento ou um desvio de energia do nome de origem. Por isso, eles devem ser escolhidos e usados com muito cuidado.

O objetivo deste livro é fornecer informações que levem você a descobrir as energias contidas em seu *Nome de Nascimento* e a escolher o *Nome de Realização* capaz de trazer uma abertura melhor na sua carreira. Este Nome de Realização deverá ser usado no seu cartão de visitas, ao assinar uma carta ou documento, quando você se anunciar ao telefone ou na recepção de uma empresa. Em suma, em todas as situações em que você estiver exercendo a sua atividade profissional. Nos exemplos que daremos adiante, você irá entender melhor.

Para que você escolha o seu Nome de Realização (alguns chamam de nome artístico ou nome profissional), assim como fizeram J. K. Rowling e o publicitário, é necessário, antes de tudo, conhecer muito bem a energia que está no seu Nome de Nascimento. É ele que revela o seu destino, as suas oportunidades, a sua escolha profissional, seus talentos e as dificuldades a enfrentar. Em suma, é esta energia que vai determinar a sua caminhada, mostrando seus potenciais, assim como seus pontos a serem trabalhados.

O *Número de Destino* é calculado a partir do nome que está escrito no seu registro de nascimento. Em caso de ter alterado seu nome de registro (por questões de adoção, mudança de país, mudança voluntária de nome ou sobrenome, mudança de um idioma para outro, desejo de acrescentar ou eliminar o nome de um dos pais, quando maior de idade), considere os dois nomes: o de origem e o do atual registro. Tanto um como o outro contêm informações sobre o seu destino.

Também falaremos neste livro sobre o *Número de Lição de Vida*, relacionado com a data de nascimento, e que é muito importante na sua vida.

Ao final, trataremos dos *Períodos Numerológicos* – o seu Ano Pessoal – para você saber quais as energias que regem o período que você está vivendo e o que elas significam.

Assim, você terá importantes e sólidos elementos para construir uma vida de forma feliz e equilibrada, realizando da melhor maneira possível o seu potencial.

Sua curiosidade deve estar cada vez maior para conhecer a

energia do seu nome. Então, agora que mostramos o propósito deste livro, vamos começar ensinando como calcular o seu Número de Destino e o que ele significa na sua caminhada.

O SEU NÚMERO DE DESTINO
DESCOBRINDO A ENERGIA DA SUA VOCAÇÃO E DOS SEUS TALENTOS

Qual é a sua missão de vida aqui na Terra? Quais os caminhos que você deve seguir para poder aproveitar melhor o seu potencial e com isso atingir a realização na sua profissão e nos seus projetos?

Uma das respostas certamente está nos nossos números. Desde cedo aprendemos que nossa vida é fortemente regida pelos números: os números do RG, do CPF e de todas as senhas que precisamos memorizar. Mas não sabemos da poderosa influência da energia dos números do nosso nome e da nossa data de nascimento. Eles não vieram do acaso e têm uma forte influência na nossa caminhada. Nossos pais ou aqueles que o escolheram tiveram uma inspiração vinda da alma. Em nossos outros livros, abordamos vários números, em especial o de Lição de Vida. Neste livro vamos nos aprofundar no *Número de Destino,* que é formado pelo somatório de todas as letras que compõem o nosso Nome de Nascimento e é justamente o que define as nossas vocações e os nossos talentos.

Na Numerologia existem cinco números principais que revelam os padrões da sua vida. Dois são obtidos na data de nascimento: um deles é o dia de seu nascimento, e o outro é a soma dos números da data de nascimento. Este, como já vimos, é o que chamamos de Número de Lição de Vida. Os outros três números surgem a partir do Nome de Nascimento: um deles é a soma das vogais, o outro, a soma das consoantes, e, por fim, há o número obtido a partir do somatório de todas as letras, vogais e consoantes que compõem o seu nome completo de nascimento. Este é o seu Número de Destino. É ele que define nossa vocação, nossos talentos e as oportunidades que surgirão. Aliás, podemos dizer que a nossa história de vida está escrita em nosso nome.

Ao longo de muitos anos de trabalho, ao se fazer o estudo numerológico de milhares de pessoas, foi constatado que o destino realmente está condicionado a uma determinada orientação.

Devemos encarar as "determinações" do destino como grandes oportunidades para evoluir. Neste sentido, a Numerologia é uma das chaves preciosas para o autoconhecimento. É uma forma maravilhosa de se conhecer e de compreender a vida. Este autoconhecimento e compreensão são as bases fundamentais para que você possa transformar sua vida com segurança, enriquecendo-a, escolhendo os seus caminhos, compartilhando suas experiências com as outras pessoas, enfim, melhorando tanto a sua realidade como a do próprio mundo.

Porém, é necessário salientar que somos capazes de interferir no Destino com a nossa vontade e capacidade de ação. Não somos meros seres passivos à mercê da vontade do Universo. Tomamos iniciativas, reagimos aos acontecimentos, às experiências diversas, elaboramos, amadurecemos, modificamos nossas atitudes, interagimos com as outras pessoas, enfim, sofremos incontáveis influências externas!

O cálculo do Número de Destino é muito simples. Trata-se de uma mera conta de adição. A cada letra do alfabeto corresponde um número. Basta você somar todos os números que compõem o nome que está escrito no seu registro de nascimento, reduzindo o somatório a um único dígito. Explicando melhor: se ao final da soma o resultado der um número de dois dígitos, separe-os e some-os, até que você tenha um único dígito. Isso só não vale para o Número 11, que é um número-mestre que deve ser mantido, sem reduzi-lo a um único dígito.

O quadro abaixo apresenta a energia de cada letra. Ele será necessário para que você calcule os seus números.

TABELA DE CONVERSÃO DE LETRAS

1	2	3	4	5	6	7	8	9
A	B	C	D	E	F	G	H	I
J	K	L	M	N	O	P	Q	R
S	T	U	V	W	X	Y	Z	

Para que você entenda como se calcula o Número de Destino, apresentamos dois exemplos de nomes de projeção internacional e os respectivos Números de Destino, assim como o que eles representam.

COCO CHANEL

Empresária francesa bem-sucedida que revolucionou o mundo da moda. Foi eleita pela revista *Time* como uma das 100 personalidades mais importantes do século XX.

▶ Nome de Nascimento
Gabrielle Bonheur Chanel
7+1+2+9+9+5+3+3+5 + 2+6+5+8+5+3+9 +
3+8+1+5+5+3 = 107 ▶ 1 + 0 + 7 = **8**
Portanto, seu Número de Destino é 8.

O Destino 8 abriu o caminho para Gabrielle Bonheur Chanel ser empresária bem-sucedida. Desde cedo, esta francesa mostrou-se dotada de grande ambição. Seu primeiro contato com a costura veio no colégio interno. Foi ali que ela começou a tomar gosto pela moda e a sonhar em lançar um novo jeito de se vestir. Como veremos mais adiante, Chanel se transformaria num ícone da moda mundial. E, com o apelido dado pelo pai, ela receberia um Nome de Realização que lhe traria uma energia decisiva para que seus vôos fossem baseados na busca constante da qualidade e da perfeição.

DONALD TRUMP

Empresário americano de projeção mundial, é criador da série *O aprendiz* e dono de um verdadeiro império, atuando nos mais diferenciados segmentos de negócios.

▸ Nome de Nascimento
   Donald John Trump
   $4+6+5+1+3+4 + 1+6+8+5 + 2+9+3+4+7 =$
   $= 68$ ▸ $6 + 8 = 14$ ▸ $1 + 4 = 5$

Donald Trump traz um Número de Destino 5 que lhe oferece uma trajetória com muitas oportunidades diferentes em diversas áreas. As mudanças que ocorrem constantemente num Destino 5 exigem que a pessoa tenha grande criatividade e jogo de cintura. Deve saber aproveitar a sua liberdade para promover o progresso e ter idéias inovadoras, aplicando-as na vida profissional. Muito rápido e ágil, tanto em pensamento como em ação, Trump faz de cada mudança um trampolim para o sucesso. Independente, ele sabe aproveitar as oportunidades que, de maneira inesperada, aparecem na sua vida.

Curioso, com vontade de conhecer e experimentar tudo o que surge pela frente, é um empreendedor agitado, incansável e revolucionário. Sua trajetória é cheia de aventuras, e ele deseja manter-se sempre rejuvenescido, o que o faz escolher interesses que o motivem e impulsionem sua ação.

Calcule agora o seu Número de Destino. Transforme cada letra do seu nome no número correspondente, some-os até obter um único dígito, e pronto. Lembre-se que o número 11 é exceção.

A seguir, apresentamos o que significa cada Número de Destino e cada Número de Realização, ilustrando com alguns exemplos de pessoas de projeção mundial.

Repare na energia trazida por esses nomes de nascimento. Naturalmente há vários outros fatores capazes de influenciar na sua trajetória profissional, mas o seu nome de nascimento é que possui a chave, o código para o autoconhecimento. Ao decifrar este código, o seu nome revelará qual é o seu potencial, quais são os obstáculos e oportunidades que encontrará pela vida, permitindo que você enfrente os desafios e aproveite as chances com muito mais segurança.

Quando Seu Osiro entrou no consultório, a infelicidade era visível em seu rosto e postura corporal. Reservado, aquele senhor oriental de poucas palavras falou como se sentia incomodado com o rumo do seu destino. Queria entender por que sua vida, em especial no campo profissional, não havia deslanchado, por que se sentia "amarrado", sem conseguir realizar o potencial que sabia possuir. Disse que esperava encontrar na Numerologia as respostas para o seu desânimo no trabalho e mesmo em relação à sua vida pessoal. Trabalhava na área administrativa de uma multinacional e há muito convivia com a frustração causada pelo rumo que tomara sua profissão.

Contou muito pouco da sua história familiar e profissional. Mas nem precisava, pois seus números já revelavam claramente as razões de suas aflições e ansiedades. Ouviu atentamente enquanto falamos de todos os números, relacionando-os com o seu nome e a sua data de nascimento. Seu Osiro encontrava-se num ano pessoal que o levava a buscar respostas para as suas angústias.

Com base no estudo feito, foi sugerida uma pequena mudança no nome. O simples acréscimo de uma letra – o H – lhe traria a energia que lhe faltava, já que seus números não estavam equilibrados, carecendo de harmonia.

Ao ouvir a sugestão tão simples de colocar um H em seu nome, Seu Osiro empalideceu. Não emitia uma só palavra, e seu silêncio transmitia algo estranho. Talvez não tivesse entendido nada. Quando questionado se tinha alguma dúvida, ele finalmente se manifestou, surpreso:

"Estou admirado! Então devo colocar a letra 'H' no meu nome?! Isso é incrível."

Com muita emoção, pôs-se a falar, como se confidenciasse algo:

"Vou contar minha história para a senhora. Vim do Japão com a minha família lá pelos anos 1950. Ao chegarmos no Brasil, o escrivão do Serviço de Imigração estranhou o nosso nome de origem. Ao examinar o meu registro de nascimento, disse que a grafia do meu nome não existia na língua portuguesa e resolveu então, por conta própria, fazer uma pequena alteração: **retirou a letra H do meu nome.**"

Respirou fundo antes de exclamar:

"Aparecida, o meu nome de verdade não é OSIRO, como me registraram no Brasil! Meu nome é OSHIRO! E sabe o que quer dizer OSHIRO?"

Aquele homem discreto então abriu os braços e falou com firmeza:

"Grande imensidão de branco!"

Os olhos do Seu Oshiro se encheram de lágrimas e, com a voz embargada, ele continuou:

"E agora a senhora diz que no meu nome falta a letra H? Como a senhora sabia?..."

A imensidão de branco a que ele se referia significava que sua vida poderia ter uma extensão muito maior do que a que ele vivia. Seu Oshiro então colocou a letra H no nome. Meses depois recebi uma carta. As amarras que o prendiam tinham se desatado, e ele se mostrava emocionado, agradecido, tranqüilo e muito mais feliz, sentindo-se realizado.

O NÚMERO 1
ENERGIA PARA OUSAR, CRIAR E LIDERAR

Novos negócios! Novas empreitadas! Novos projetos! Tudo na vida de uma pessoa de Destino 1 é energia, é desafio. Uma frase cuja soma seja o Número 1 não pode terminar em reticências. O ideal é que seja com um ponto de exclamação! Tudo o que desafia a pessoa que tem um Número de Destino 1 traz a energia para a prática de atividades em que a mente esteja trabalhando. Você tem iniciativa e detesta a rotina. Você gosta de ser original e independente. Possui uma grande capacidade de avançar e de superar qualquer obstáculo. Geralmente ocupa cargos de liderança e prefere estar sempre à frente, comandando e indicando o caminho. Você gosta de mandar, de chefiar.

Ocupar um cargo de subordinação é uma tarefa muito difícil, e por isso sua tendência é escolher uma profissão liberal em que você seja o seu próprio patrão e trabalhe por conta própria. Se estiver numa empresa, você tem de assumir um cargo de comando, senão vai logo se incomodar, pois não gosta de receber ordens. Em poucas palavras, você tem que comandar, chefiar a seção, dar consultoria, ser a primeira bailarina, o professor catedrático na faculdade, alguém que controla e dita as regras. Você tem que liderar.

Nesse Destino, desde cedo o Universo coloca na sua vida situações em que você tem que se virar por conta própria e aprender a ser independente. Seu desejo é começar a trabalhar cedo, sustentando-se e tendo que seguir e dirigir o seu próprio caminho. Durante sua trajetória você precisa ir descobrindo quais são os seus recursos e talentos, ter muita autoconfiança, valorizar o produto dos seus próprios esforços. Neste seu caminho você terá que desenvolver força de vontade e determinação.

Durante seu percurso serão inúmeras as vezes em que terá que "começar de novo". As circunstâncias que vão exigir esses recomeços serão as mais diversas possíveis: talvez você queira mudar de profissão, talvez avance em seus conhecimentos e passe a ocupar um cargo com novas atribuições, talvez mude de cidade, ou então siga tendências originais que fazem com que seja necessário estar sempre iniciando algo novo.

Atividades competitivas em que pode mostrar a sua capacidade, seu vigor e sua inteligência serão sempre muito atraentes. Você gosta de desafios e não foge de nenhuma disputa. Muito pelo contrário, você até as procura. Você se destaca por ter um estilo próprio de conduzir a vida. Astúcia e originalidade são características suas.

PROFISSÕES EM QUE VOCÊ, PESSOA DE DESTINO 1, PODE APROVEITAR MELHOR O SEU POTENCIAL

Atividades em que haja muita ação, muito movimento e em que exerça ou tenha de buscar a liderança, destacando-se entre os demais. Empreendimentos em qualquer área, desde que haja desafios. Exercer cargos de direção em empresas, ou ser proprietário delas, entrar para a política, ser piloto de automóvel, desportista, inventor, ter papel de destaque em programas de rádio ou televisão. Nos esportes, no mundo dos negócios, enfim, em qualquer profissão, uma pessoa com Destino 1 pode se dar muito bem desde que esteja numa posição livre em que possa criar, tomar iniciativas, orientar e dirigir.

VOCÊ, QUE TEM UMA ENERGIA DE DESTINO 1, APRENDA A LIDAR COM AS SUAS CARACTERÍSTICAS

Você tem uma grande motivação para começar uma nova atividade, encarando-a como um desafio. Mas tome cuidado para não se tornar aquela pessoa que está sempre iniciando empreendimentos e atividades, mas não se preocupa muito em chegar ao fim, concluindo-as. Após iniciá-las, perde o estímulo. Por isso, procure terminar o que começou, ou pelo menos analise com muito mais espírito crítico e menos ansiedade um projeto que aparentemente esteja se tornando repetitivo e monótono.

É necessário ter paciência e acreditar que alcançar objetivos depende de uma trajetória a ser cumprida passo a passo. Nem tudo acontece do jeito que se planeja, cada negócio ou projeto tem o seu tempo de maturação. É fundamental que você discuta os assuntos, cuidando dos detalhes e procurando escutar mais a opinião e as sugestões das outras pessoas envolvidas.

Embora seja importante que você pense com autonomia e "ande com suas próprias pernas", não é necessário ter um comportamento egocêntrico, individualista ou dominador.

Muitas vezes é importante se ajustar às circunstâncias, ainda que elas não sejam exatamente as que você gostaria. Aprenda a cooperar.

Saiba diminuir as suas defesas e resistências, procurando aceitar mudanças de rumo, sem querer impor o seu tempo, a sua direção e a sua maneira de pensar.

Controle o egoísmo, o orgulho e a intolerância, características comuns às pessoas independentes.

Procure realizar os *seus* próprios objetivos, tendo coragem de tomar iniciativas, refletindo sobre as influências e pressões externas, decidindo o que é melhor para você e não o que irá agradar as outras pessoas ou responder às expectativas delas. Acredite em você e nos seus recursos.

Aceite os seus erros com humildade, considerando cada equívoco como um aprendizado. Tenha perseverança para continuar um projeto até que ele seja concluído.

No caminho 1, a realização vem a partir do momento em que você encara a vida de frente, buscando tudo o que é novo e tomando a iniciativa.

Regina, uma mulher cheia de vontade,
mas que não conseguia chegar a lugar algum...

Regina chegou ao consultório de Numerologia em busca de uma resposta para suas aflições. Ela, Número de Destino 1, é uma pessoa que sempre gostou de aprender, mas nunca conseguia terminar os cursos que começava. No início ficava empolgada, mas acabava logo se cansando e desistindo, o que a deixava imensamente frustrada. Recomeçava um curso após o outro. Não era à toa que desde que você era criança sua mãe lhe dizia: "Você começa tudo, mas não termina nada!" Na verdade, Regina desistia quando as coisas lhe pareciam difíceis. Achava que não conseguiria, não seria capaz, não teria condições de chegar até o final.

Regina vivia ocupada. Preenchia todo o seu tempo com um monte de atividades, mas no fundo agia assim apenas para se sentir em movimento. Sem metas, sem direção, faltava-lhe senso de organização, persistência e, acima de tudo, definir um objetivo a ser atingido.

Verificamos que sua assinatura no cartão profissional era a mesma de seu nome de registro, o que lhe trazia, mais uma vez, a energia do Número 1, potencializando os aspectos negativos deste número: falta de perseverança, impaciência e ansiedade.

Isso foi detectado ao ser feito um estudo do nome completo de nascimento de Regina. Naturalmente ela carecia de uma energia 4. Substituímos uma letra no seu nome, de maneira a obter essa energia e fazer com que ela canalizasse todo o seu entusiasmo para um objetivo concreto, buscando-o de forma firme e determinada.

Regina saiu do consultório aliviada e feliz. O tempo comprovou o que tínhamos previsto: a partir daquele momento ela começou uma nova fase em sua vida.

O NÚMERO 2
ENERGIA PARA COOPERAR, ACALMAR E PACIFICAR

Na trajetória de vida de uma pessoa de Destino 2, como você, todas as oportunidades são para que encontre o equilíbrio através da cooperação e do relacionamento. Por isso, você gosta de trabalhar em grupo e participar de atividades em que possa interagir, colaborando, aprendendo e, se for necessário, unindo a equipe, pois o senso diplomático é a sua marca registrada. Você foge da competição, busca a conciliação. Ao mesmo tempo, é adaptável às outras pessoas, mas também possui um grande talento para persuadi-las a aceitar as suas idéias. O seu destino lhe oferecerá situações em que você terá que usar a sensibilidade, o tato, a gentileza e a capacidade de cooperação.

Você tem paciência e sabe dar tempo ao tempo, não forçando nenhuma situação. Tem facilidade em influenciar as pessoas com o intuito de buscar a harmonia, e não o comando. Você usa de tato e diplomacia. Uma das suas maiores virtudes é saber ouvir. Você dá apoio e encoraja as outras pessoas. Sensível, é capaz de dar atenção e resolver disputas e desavenças. Seu destino é promover a paz.

Seu bom senso é inigualável e você sabe ouvir os dois lados antes de julgar. Consegue colocar-se no lugar do outro e imaginar como ele se sente. No seu caminho surgirão oportunidades de promover algum tipo de atividade em prol dos direitos das pessoas.

PROFISSÕES EM QUE VOCÊ, PESSOA DE DESTINO 2, PODE APROVEITAR MELHOR O SEU POTENCIAL

Suas oportunidades profissionais podem aparecer em parcerias ou em serviços de assessoria. Você tem o dom do aconselhamento que ajuda as pessoas a encontrarem a paz. Pode intermediar questões delicadas que acarretam discussões e tensões dentro de empresas. Você faz o meio-de-campo, procurando soluções, acalmando as pessoas, buscando a harmonia e, conseqüentemente, o equilíbrio. Também pode se dar bem na diplomacia e na política, desde que aja com senso de cooperação. Poderá atuar no ramo do Direito ou no serviço religioso. Também pode dedicar-se com êxito a atividades em que sirva de apoio a pessoas que estejam na liderança.

VOCÊ, QUE TEM UMA ENERGIA DE DESTINO 2, APRENDA A LIDAR COM AS SUAS CARACTERÍSTICAS

É fundamental não se deixar levar pela passividade permitindo que os outros estejam sempre tomando decisões por você. Não aceite tudo o que dizem ou fazem. Coopere, escute, aceite, use seus próprios critérios e siga seus desejos.

Não permita que os problemas pessoais afetem todas as áreas da sua vida, provocando fragilidade e insegurança. Na sua caminhada é importante buscar equilíbrio em todas as áreas: saúde, amor, trabalho e espiritualidade. Se não há este equilíbrio, você se sente infeliz e extremamente desconfortável, o que prejudica o seu desempenho.

Controle a sua sensibilidade e os melindres. Administre o seu medo e não demonstre fragilidade.

Confie em si e não se ofenda tanto com as críticas e comentários das outras pessoas.

Não fique sempre na defensiva, pois você pode acabar tendo dificuldade em enxergar os problemas como realmente são, e com isso ficará mais longe de uma solução.

Deixe de sentir pena de si. Não faça concessões para agradar os outros e vá em busca do que é justo.

Exerça a ambição, a ousadia e procure traçar um caminho que seja seu, evitando as interferências. Aceite os confrontos como uma maneira de crescer na sua capacidade de investir.

O NÚMERO 3
ENERGIA PARA COMUNICAR, ANIMAR E ALEGRAR

Comunicação com entusiasmo e otimismo. É o que move o caminho do Número 3. Seu Destino é trazer alegria e motivação para a vida das pessoas. Você tem o talento da comunicação e suas oportunidades na vida sempre estarão em áreas onde possa expressar sua criatividade e suas emoções. Com isso, será capaz de despertar nos outros a imaginação e mostrar o caminho para a solução de qualquer problema, apontando o lado positivo de todas as coisas. Seu destino é o da interação social. Sua criatividade e sua facilidade de comunicação dirigem você para projetos de entretenimento e para qualquer atividade em que seja necessária a originalidade.

Você se relaciona com muitas pessoas e está sempre fazendo novos contatos. Gosta de movimento e de viagens. Você nasceu para trazer alegria ao mundo por meio dos seus relacionamentos ou da sua capacidade artística.

Seu Destino lhe abre diferentes posições de trabalho e você é capaz de desempenhar várias atividades diferentes, inclusive muitas ao mesmo tempo. Gosta de ser popular, adora quando lhe solicitam e se transforma no centro das atenções. Você gosta de conversar, de se sentir livre, em contato com o calor e a luz do sol. Prefere atividades fora de quatro paredes.

PROFISSÕES EM QUE VOCÊ, PESSOA DE DESTINO 3, PODE APROVEITAR MELHOR O SEU POTENCIAL

Atividades artísticas, na área da comunicação, vendas e promoções, assim como no comércio, desenho, moda e música. Você pode se dar bem na publicidade, na promoção de eventos, na decoração, como relações-públicas, conferencista, esteticista. Em suma, toda e qualquer atividade profissional que envolva movimento, convívio social e novidade.

VOCÊ, QUE TEM UMA ENERGIA DE DESTINO 3, APRENDA A LIDAR COM AS SUAS CARACTERÍSTICAS

Você não gosta de nenhum tipo de pressão, nem de regras ou limites impostos por outras pessoas. Como você necessita sempre de aprovação, tem dificuldade em enfrentar situações difíceis de estresse ou confronto.

A sua tendência é esquivar-se, deixar de lado, pular para outro assunto, ou transformar tudo numa brincadeira, agindo com imaturidade, infantilizando seu comportamento, ou mesmo apelando para certos exageros, como dramatizar demais, comer em excesso ou usar medicamentos.

Cuidado para não fugir da realidade, envolvendo-se com dezenas de atividades ou interesses muitas vezes totalmente improdutivos. Canalize a sua energia. Evite a dispersão, aproveitando melhor as idéias que você concebeu e colocou em prática com tanto entusiasmo. Só depois de concluí-las ou deixá-las andando com as próprias pernas é que você deve partir para novos desafios. Evite a superficialidade, aprofunde-se mais nos assuntos em que se envolver.

Não desista somente por levar mais tempo do que gostaria para atingir um objetivo ou concluir um projeto. Não se deixe abater só porque um trabalho exige mais esforço do que você imaginava. Ter perseverança e concentração são pré-requisitos fundamentais para que se chegue com êxito ao final de qualquer empreendimento ou atividade. A disciplina pode ajudar você a manter a ligação com seus objetivos, não importando o tempo necessário para chegar até eles.

Dinheiro vem, dinheiro vai. Esta é uma constante para as pessoas de Destino 3. É necessário um pouco de prudência financeira. Com isso, você vai aprendendo a organizar seus ganhos e seus gastos para não haver desperdícios em extravagâncias.

Cercar-se de pessoas não significa poder contar com elas. Muitos de seus relacionamentos são meramente superficiais. Vá aprendendo a discernir as amizades e os relacionamentos que realmente valem a pena.

O NÚMERO 4
ENERGIA PARA ORGANIZAR, TRABALHAR E PRODUZIR

Trabalho para você, Número 4, é a força de movimento do seu Destino. Você deseja o respeito das outras pessoas por aquilo que faz e produz.

No seu Destino, as realizações são de ordem prática, com início, meio e fim. Sua satisfação acontece à medida que vai participando do processo e percebendo que o que faz toma corpo e passa a existir de fato. Por isso, você sempre tem um caminho predeterminado e fica difícil aceitar quando algo inesperado interfere na sua trajetória.

Seu Destino está relacionado à ordem e à aceitação de convenções. Por isso é que você prefere seguir padrões que lhe permitam conhecer previamente as conseqüências e os resultados.

Você visa a um futuro estável e seguro em todas as áreas da sua vida: no trabalho, família, finanças, amizades, saúde e mesmo no lazer. Tudo deve ser bem cuidado e planejado. A perseverança, a força de vontade e a determinação são suas marcas registradas.

No seu coração bate um permanente check-list. Você se preocupa constantemente com algum detalhe das suas atividades. Aonde quer que vá, acaba encontrando algo para fazer, arrumar ou organizar. Tudo tem de ser perfeito, impecável.

Seu Destino é o do trabalho, da busca da segurança e da estabilidade. Você gosta de lidar com aquilo que é prático e palpável. No seu Destino não há lugar para sonhos impraticáveis. Por isso, você se envolve com projetos úteis e reais. As oportunidades que o Universo lhe trará serão para que você exerça a sua capacidade de organizar e administrar, partindo de uma idéia e chegando a um resultado final. Prefere trabalhos estáveis e duradouros onde possa construir e dedicar-se a um determinado projeto e objetivo, agindo com honestidade e seriedade. Em suas atividades profissionais, você gosta de cuidar de detalhes, planejar passo a passo, desenvolvendo métodos de trabalho. Você inspira confiança por sua cautela e fidelidade. Seu caminho geralmente é árduo e por isso você precisa ser perseverante. O sucesso vem da labuta contínua e intensa.

Você também possui grande senso de dever e responsabilidade. Dá valor às suas aquisições, geralmente fruto de seu próprio esforço, e dificilmente se desfaz do que comprou ou investiu, usufruindo o máximo possível do que conquistou. É uma pessoa econômica, não gosta de desperdícios. Este é um número de base, de grande valor, e pessoas de Número de Destino 4 são indispensáveis em todas as empresas ou organizações. Você é o alicerce, pois sabe planejar, organizar, controlar e construir. Tem determinação e disciplina. Sem você para fazer planos e projetos, de nada adianta gente criativa e audaciosa.

PROFISSÕES EM QUE VOCÊ, PESSOA DE DESTINO 4, PODE APROVEITAR MELHOR O SEU POTENCIAL

Seu Destino é colocar ordem e sistematizar. É estabelecer boas relações com atividades rotineiras que obedeçam a um determinado plano e seqüência de ações. Por isso, você pode se dar muito bem gerenciando e administrando negócios, em especial na área financeira. Seu desempenho é ótimo em ocupações que necessitem de um enfoque prático, muito mais do que naquelas envolvidas com teorias. Você terá mais êxito trabalhando em atividades que envolvam construção, ensino, administração, contabilidade, gerência de produção, como motorista, fotógrafo ou militar.

Pode ainda preferir ter o seu próprio negócio, para poder tocar do seu jeito, segundo as suas convicções.

VOCÊ, QUE TEM UMA ENERGIA DE DESTINO 4, APRENDA A LIDAR COM AS SUAS CARACTERÍSTICAS

Saiba aceitar tanto os seus defeitos como os dos outros. Não seja tão exigente.

Não abra mão da diversão e do senso de humor, aprenda a rir mais e achar mais graça nas situações. Na sua necessidade de produzir, de ter o seu tempo totalmente voltado para realizar o que considera útil, você corre o risco de deixar de lado o lazer, e chega a unir férias a trabalho. E se estiver descansando ou divertindo-se, tende a procurar uma justificativa para isso. Se numa viagem a negócios surgir um momento de lazer no horário comercial, é bem provável que sinta culpa e fique olhando o relógio o tempo todo. Só relaxa quando imagina que o pessoal da sua empresa, na hora do seu momento de lazer, já está em casa.

Em paralelo à sua atividade profissional, por que não ser voluntário numa atividade comunitária em que você possa conviver mais com a família, em especial com os seus filhos? Desta forma você conseguirá unir o lazer ao trabalho, à disciplina e à organização.

Normalmente você tem dificuldade em gastar. Aproveite mais a vida e o dinheiro que ganhou. De vez em quando, presenteie-se com algo que você vem "namorando" há tempo.

Não seja detalhista ao extremo. A obsessão pelas minúcias, às vezes insignificantes, faz você perder muito tempo, assim como desviar-se do objetivo central.

Deixe-se envolver mais e dê mais afeto aos mais próximos. Muitas vezes você se prende a algo porque o considera o "mais certo". Pergunte-se: você gosta do que está fazendo? Para você é melhor lidar com a certeza do que com a expectativa do que virá. Isso faz com que aceite de maneira passiva as coisas como elas se colocam à sua frente, mesmo quando aparece algo que não lhe faz bem, restringindo seu campo de ação. Não se acomode nem se sujeite e reflita antes de resistir às mudanças que possam surgir no seu caminho.

É necessário abrir seu interesse a diferentes propostas e métodos. A intransigência, a intolerância, a dificuldade em mudar o seu jeito de ser, apegando-se a antigos estilos, prejudica o seu progresso. Abra-se mais a novas experiências. Nem sempre as regras definem o que é mais promissor. Um pouco de ousadia abre a mente e aguça a criatividade. Solte-se, nem tudo é preto ou branco: existem muitas variações de tonalidade entre eles. Excesso de rigidez e radicalismo atrapalham uma visão mais ampla e real da vida e das oportunidades.

É preciso tomar cuidado para não sucumbir à tentação de retomar os velhos planos e rotinas. Saber ajustar-se às diferentes circunstâncias e condições adversas exige desprendimento e desafio aos limites. Aceitar mudanças e mesmo provocá-las irá libertar você para ações presentes e futuras.

Aprenda a dividir o controle com outras pessoas. A sua tendência é centralizar, desejando que todos sigam seus métodos e passos. Aprenda a trabalhar em equipe.

ATENÇÃO!

Existe uma exceção importante a este Número de Destino 4, que é o 13, ou seja, se você somou os valores das letras do seu nome e obteve o Número 13, cuja soma é 4, pode se considerar uma exceção às características tão determinantes de um Destino relacionado à rotina, padrões preestabelecidos, estabilidade e segurança.

Num Número de Destino 13, a trajetória profissional passa por profundas transformações no decorrer da sua vida. Num Destino 13, nada no seu trabalho é definitivo. É possível que mude algumas vezes de profissão. Mas você aceita melhor as mudanças e abre-se com mais facilidade para indefinições e novidades. Além disso, possui a grande capacidade de transformar uma situação que está amarrada, sem futuro, em um negócio bastante promissor e de sucesso. Você tem um grande talento para se modificar e modificar as condições de vida ou de trabalho. Pode até escolher uma ocupação em que transforme o velho em novo, e o inútil em útil.

O NÚMERO 5

ENERGIA PARA CRIAR, DESAFIAR E ARRISCAR

Certamente você terá de trabalhar muito longe do departamento de contabilidade. A rotina e tudo o que é previsível lhe dão alergia. Você precisa de liberdade para ir e vir. Para pensar e criar. Você necessita de espaço e tempo para trabalhar. Se não lhe derem liberdade, há um imediato sentimento de limitação e frustração.

Seu destino traz várias oportunidades, o que faz com que sua vida seja cheia de experiências e de acontecimentos repentinos com os quais você tem de lidar com muita versatilidade. O pensamento rápido leva você a captar e elaborar com facilidade tudo o que surge no seu caminho. Acostumar-se a novas situações, adaptar-se a novas exigências e a mudanças que ocorrem constantemente são algumas determinações do seu Destino.

Não há estabilidade nem situações previsíveis num Destino 5. Você, por natureza, não agüenta a rotina, pois precisa de espaço para fazer o que quer e para viver a sua liberdade. Busca lugares, situações, trabalhos e pessoas que gerem estímulo. Não suporta amarras que o impeçam de progredir e de experimentar. Por isso, neste Destino você está sempre à procura de algo diferente para fazer, para experimentar e para ter como desafio. Tédio é uma palavra que não existe no seu dicionário. Muito menos, repetição.

Mas é preciso estar muito disponível para vivenciar com responsabilidade este Destino tão cheio de reviravoltas. É preciso aceitar essa condição e saber tirar proveito das inúmeras oportunidades que aparecem. Este é um Destino que provoca progressos e descobertas. Raciocínio rápido, curiosidade e constante atividade são características suas. Gosta de estímulos mentais e físicos, o que explica a ousadia em suas atividades e interesses. Gosta de aprender experimentando e por isso recusa o uso de manuais e regras. A surpresa é o ingrediente certo para que você se envolva com satisfação, por isso evita ambientes e atividades estruturados e cheios de limites. O dinheiro garantido, como um salário no final do mês, não é a sua maior preocupação. Você prefere correr riscos num investimento a curto prazo que possa lhe render uma polpuda "bolada" do que trabalhar dentro do esperado e previsível.

Quando o assunto lhe interessa, você é capaz de dedicar-se apaixonadamente.

Gosta de se promover e comunica-se de maneira a chamar a atenção para si. Gosta também de atualizar-se e de expressar seu ponto de vista sobre qualquer assunto.

PROFISSÕES EM QUE VOCÊ, PESSOA DE DESTINO 5, PODE APROVEITAR MELHOR O SEU POTENCIAL

A pessoa Número 5 não é planejadora nem gerenciadora. É uma solucionadora de problemas e uma fonte inesgotável de idéias originais. Gosta de trabalhar em ambientes liberais, sem rotinas, horários ou convenções que determinem a maneira de se vestir ou se comportar.

É uma criadora, inspirando-se no que vê, sente e ouve. Tem os 5 sentidos bastante aguçados, e suas reações e ações são espontâneas e imprevisíveis. Prefere trabalhar com pessoas ativas e que a estimulem. Você, Número 5, tem múltiplos interesses, principalmente nas profissões que trazem muito movimento físico ou mental, em que imperem a informalidade e a criatividade: publicidade, artes, esportes radicais, cinema, turismo, negócios que exijam ousadia e capacidade de aceitar o risco, como a Bolsa de Valores.

VOCÊ, QUE TEM UMA ENERGIA DE DESTINO 5, APRENDA A LIDAR COM AS SUAS CARACTERÍSTICAS

A necessidade de viver um Destino livre pode fazer com que as suas relações sejam superficiais tanto no campo profissional como no plano afetivo. Todos os altos e baixos na sua trajetória 5 também podem favorecer certa desorganização na sua vida, assim como insegurança em relação ao futuro.

Você gosta de experimentar e viver o momento. Quando sente que já conhece uma situação ou uma pessoa, desliga-se para evitar o tédio e a falta de satisfação que ela lhe traz. Vai então em busca de uma outra atividade ou de outras pessoas que lhe tragam uma espécie de prazer instantâneo. Por isso, cuidado com a instabilidade e com a falta de perspectivas que irão provocar mudanças freqüentes de emprego ou do tipo de atividade. Pular de galho em galho apenas para obter satisfação momentânea não leva à construção de coisa alguma nesta vida. Procure construir um futuro consistente, alicerçado em bases mais sólidas.

Você também deve controlar a sua impaciência e a sua necessidade de receber respostas imediatas ao que deseja. Precisa saber esperar e entender que o reconhecimento, as compensações e os resultados vêm depois de muito trabalho e perseverança.

A imprudência e a necessidade de viver intensamente podem colocar você em situações de perigo. É necessário saber quando o risco não compensa. Muitas vezes você é extravagante e carece de crítica e autocontrole.

Você tem idéias originais e criativas para solucionar problemas e, como já foi dito, prefere desempenhar várias atividades a ficar repetindo um padrão de trabalho. O previsível não tem vez no seu Destino. Aprenda a adquirir um mínimo de disciplina para obter o máximo de cada uma das suas experiências.

Procure ter interesses a médio e longo prazos, fazendo planos e montando estratégias seqüenciais. Às vezes é necessário limitar o número de atividades para poder se dedicar mais às que realmente valham a pena.

É necessário aceitar e respeitar limites, pois estamos todos integrados a uma sociedade. É fundamental que você tenha atitudes firmes, levadas a sério, e que se relacione e se envolva com as pessoas e com o trabalho de maneira responsável.

O NÚMERO 6
ENERGIA PARA HARMONIZAR, AJUDAR E PRESTAR SERVIÇOS

Um ambiente de trabalho coeso, agradável, acolhedor, com muita luz e harmonia. Certamente nele deve haver uma pessoa com Destino 6. Uma pessoa como você, que gosta de cuidar e ajudar. Seu Destino é prestar serviços às pessoas de maneira a tornar a vida mais confortável. Você tem um grande senso de dever e responsabilidade. A sua natureza é artística, e, por isso, tudo o que é belo merece ser apreciado. Seu caminho coloca você diante de situações em que deve prestar assistência, ajuda e aconselhamento às outras pessoas.

Pode envolver-se com a comunidade em que vive, em associações de bairro, clubes e entidades assistenciais. Você se entrega de corpo e alma às causas e campanhas que possam trazer benefícios para a vida das pessoas.

Você gosta de saber que seu trabalho e sua participação estão sendo úteis. Ou seja, adora reconhecimento e tem necessidade de valorização. Quer receber respeito pela sua dedicação, mas sabe quando o elogio é sincero. A bajulação lhe causa aborrecimento. Você sabe solucionar as situações conflitantes e seu senso de responsabilidade não deixa que fuja de suas obrigações. A justiça e a dignidade são princípios fundamentais na sua caminhada. Está sempre procurando uma maneira de aproximar as pessoas, fazendo reuniões e contribuindo para o bem estar da empresa ou comunidade onde atua. Se perceber que alguém está deslocado e sem ambiente, você logo procura fazer com que essa pessoa se sinta útil e integrada, dando atenção, compreendendo e ensinando. Procura trabalhar em locais onde possa trazer harmonia, estabilidade e colaboração em projetos comuns.

Você se dá muito bem quando o chamam para participar de negociações, pois inspira confiança e tem o dom da diplomacia: sabe ouvir, conciliando e atuando de maneira gentil.

As pessoas que trabalham com você são seguidoras fiéis e leais que gostam de estar ao seu redor. Sentem-se como parte de uma grande família. Aliás, no seu Destino, a família, os amigos e os seus relacionamentos são as suas prioridades.

PROFISSÕES EM QUE VOCÊ, PESSOA DE DESTINO 6, PODE APROVEITAR MELHOR O SEU POTENCIAL

A profissão escolhida é de muita responsabilidade e confiança. Você sempre irá trabalhar com outras pessoas. Preferirá as atividades coletivas em vez das mais individualistas. Você gosta de prestar serviços e está seguindo o seu Destino quando se envolve em projetos e negócios em que possa ser útil para alguém, tais como terapia, advocacia, psicologia, política, trabalho na área da saúde, educação e hotelaria, enfermagem, atuando no magistério, em relações públicas ou como assistente social. Poderá ocupar com excelência um lugar de assistente (ou secretária) e jamais deixará de fazer da sua casa um ambiente acolhedor, pois ao cuidar do lar você o faz com arte. Aliás, por natureza você se realiza ao desenvolver trabalhos no campo artístico, tais como arquitetura, decoração, pintura, artesanato, dança, música, literatura e moda.

VOCÊ, QUE TEM UMA ENERGIA DE DESTINO 6, APRENDA A LIDAR COM AS SUAS CARACTERÍSTICAS

Não exagere na necessidade de cuidar dos problemas dos outros. Não assuma obrigações que não lhe pertençam. Dar palpites no trabalho dos outros tem lugar e hora. Cuidado para não se tornar uma pessoa sufocante e inconveniente.

Procure não dramatizar situações que estejam fugindo do seu controle. Sua missão não é "salvar o mundo": não se sinta responsável por todas as ações e acontecimentos nem queira resolver o problema de todos ao seu redor.

Já que neste Destino o relacionamento é um dos pontos

centrais, sua estabilidade emocional é de grande valia. Você busca a harmonia no seu ambiente de trabalho e em sua vida doméstica. Precisa ter maturidade e equilíbrio para poder prestar serviços sem se envolver em demasia com os problemas e sem deixar-se dominar pelas outras pessoas. Cuide também para que a possessividade e o ciúme não entravem os seus caminhos.

Precisa também saber quais são os limites para não interferir demais na vida das pessoas, achando que só você pode resolver os problemas dos outros.

O NÚMERO 7
ENERGIA PARA OBSERVAR, REFLETIR E ACONSELHAR

Você tem grande capacidade de investigação, pois sabe perceber e analisar detalhes que muitas vezes não são observados por outras pessoas. Conta com uma grande intuição e seu Destino sempre colocará você diante de situações em que terá que se envolver profundamente, pesquisando e estudando, até ter certeza para então poder dar a sua opinião publicamente.

Na sua trajetória, você tem o compromisso de passar o seu conhecimento ou usá-lo em benefício dos outros. No seu caminho, você vive experiências muito diferentes e encontra pessoas especiais. Tenha certeza de que a sua caminhada é também especial, pois você seguirá sempre pela estrada do conhecimento. Aos poucos vai percebendo a diferença entre o que é superficial e o que é realmente importante e significativo para a vida. É um Destino em que as coisas materiais e mundanas dão lugar à sensibilidade e à intuição. Com freqüência, mesmo que esteja junto a outras pessoas, você se sente só, ainda que isso não signifique solidão e melancolia. Você se deixa envolver completamente por seus pensamentos. Ao mesmo tempo, quer distância de futilidades e de pessoas ou ambientes desinteressantes.

Você é essencial para o sucesso de qualquer organização. Como é uma pessoa reta e fiel à empresa, todos podem confiar em você. Só se manifesta quando domina absolutamente a questão. E se alguém tem alguma confidência, insegurança ou incerteza, você é certamente a pessoa em quem se pode depositar todo tipo de segredo.

No seu caminho, sua intuição é totalmente requisitada, e você procura entender aquilo que não pode ver. Compreender as verdades que estão por trás dos fatos e das atitudes é um desafio constante no seu Destino. Por isso, ele é sempre especial, trazendo experiências incomuns que são vivenciadas de maneira profunda, com muita crítica e exigência.

As atividades comuns do dia-a-dia incomodam e confundem a pessoa com Destino 7, sempre às voltas com grandes interrogações e descobertas. Todas as experiências que você experimenta no seu Destino contribuirão para que receba respeito e reconhecimento pelo que sabe e ensina.

Pouco a pouco a pessoa de Destino 7 vai aperfeiçoando-se no campo que escolheu, até se realizar plenamente. Seu caminho não é comum e pode chegar a ser um tanto exótico, diferenciado nos interesses e na maneira de ver e praticar a vida.

Ao 7 não interessa qualquer coisa, nem qualquer pessoa, nem qualquer desafio.

Você não gosta de muito "agito" e detesta o tumulto. Geralmente prefere atividades que possa desenvolver no seu próprio ritmo, só, concentrando-se e divagando quando lhe aprouver. Você foge do corre-corre da vida moderna, pois as respostas que procura vêm do silêncio. Aborrece-se com barulho ou com gente que fala alto. Tudo o que é secreto, antigo e misterioso exerce atração sobre você. Aprecia o estímulo mental e tem curiosidade intelectual. Seleciona criteriosamente as pessoas que farão parte do seu círculo de amizades. É amável com todos, mas dificilmente compartilha suas intimidades e segredos com qualquer um. Leva tempo para confiar piamente em alguém, mas, quando o faz, é de forma duradoura.

O mais importante para você, ao escolher uma profissão, não é o resultado financeiro, e sim a oportunidade para aprender e poder praticar os seus conhecimentos.

PROFISSÕES EM QUE VOCÊ, PESSOA DE DESTINO 7, PODE APROVEITAR MELHOR O SEU POTENCIAL

Prefere atividades em que use a mente, muito mais do que aquelas que exijam esforço físico. A pessoa com Destino 7 geralmente exerce uma atividade em que possa se especializar: tem de ser um ofício muito especial, diferente e que a faça sentir-se única. Em tudo o que faz, você prima pela qualidade: o importante é que seja bem-feito. A competição não é o seu forte, pois você não se sente à vontade ao sofrer pressão ou passar por julgamento. Como dissemos, sente-se melhor quando desenvolve um trabalho isolado, pois tem o seu tempo, a sua maneira única de pensar e a sua rotina particular.

Você procura atividades em que use técnicas e informações

especiais. Pode ter interesse em assuntos filosóficos, científicos, religiosos, metafísicos ou psíquicos. Pode trabalhar com pesquisa, pode lidar com o oculto, pode especializar-se na área da saúde ou da cura energética, como terapeuta, cientista e até como detetive, pois capacidade de observação é o que não lhe falta.

VOCÊ, QUE TEM UMA ENERGIA DE DESTINO 7, APRENDA A LIDAR COM AS SUAS CARACTERÍSTICAS

Atitudes demasiadamente reservadas podem transformar você num ser anti-social. Procure a companhia de pessoas que lhe propiciem vínculos afetivos saudáveis e construtivos. É importante aprender a expressar as emoções que você tanto controla para que elas não interfiram nas suas análises mentais.

A insegurança e os constantes questionamentos podem fazer com que você tenha dificuldade nas suas escolhas profissionais.

Diminua o nível de auto-exigência e de exigência em relação às outras pessoas. Criticar excessivamente ou se apegar a detalhes distancia você do mundo exterior e dificulta a sua integração num grupo de trabalho ou social.

Você pode dar a impressão de estar em outro mundo, de alhear-se ou mergulhar em seus próprios pensamentos e imagens mentais. Isso é capaz de dificultar a comunicação.

Você possui uma enorme capacidade de analisar detalhes de uma situação e chegar a conclusões. Use a mente e siga a sua intuição. Use todo esse potencial para se conectar à realidade, em vez de viver num mundo ilusório, criado por suas próprias fantasias.

Muitas vezes está numa sintonia diferente da das outras pessoas, por isso elas não compreendem você. Procure entrar num canal de expressão satisfatório para conseguir se fazer entender.

Freqüentemente você pode concentrar-se por um longo tempo em alguma atividade, buscando respostas, e com isso corre o risco de perder um tempo precioso. Procure ampliar os seus horizontes e fontes de conhecimento fazendo viagens para lugares diferentes. As leituras também contribuem como fonte de inspiração em suas reflexões. Conversas com pensadores, professores e pesquisadores abrem a sua mente para novas oportunidades.

O NÚMERO 8
ENERGIA PARA EXECUTAR, REALIZAR E VOAR ALTO

Você pode se transformar num autêntico rolo compressor, carregando todos ao redor para a conquista de grandes projetos. Você definitivamente é uma pessoa que pensa grande. O seu Destino é o desejo de prosperidade e o progresso econômico. Suas oportunidades e interesses estão na área dos negócios, onde pode dirigir, administrar e controlar. No seu caminho, você enfrenta muitas situações de competição em que tem que usar a sua capacidade de estrategista, encarando as questões de frente e não se intimidando com qualquer coisa. Tem que saber decidir rapidamente para então julgar. Na sua trajetória, seus interesses maiores se encontram nas áreas em que pode conquistar uma posição de autoridade ou colocar-se em contato com projetos grandiosos. Por isso, a área financeira é a mais sedutora.

Você não teme perigos nem obstáculos, pois sempre irá enfrentá-los com determinação, firmeza e astúcia. Tem uma grande vitalidade e é capaz de fazer muito esforço físico sem demonstrar sinais de cansaço. Sua personalidade é forte e dominante. Toma decisões importantes e executa-as sem medo de correr riscos.

Você é uma pessoa empreendedora e sempre gosta de grandes desafios em que não só possa mostrar a sua coragem como exercer o seu domínio. Seus projetos são ambiciosos, pois você busca prestígio e reconhecimento. Valoriza o poder financeiro e para alcançá-lo tem objetivos claros e traça planos bem precisos. Não gosta de se ater a pequenos detalhes nem se preocupar com eles, pois considera que representam desperdício de tempo e pouco significam num contexto mais amplo.

Você sabe manipular os recursos que o Destino coloca a seu dispor para conseguir os melhores resultados. Sabe onde investir seus esforços e normalmente, durante a sua trajetória, se relaciona com pessoas importantes.

Suas oportunidades ocorrem sempre em áreas em que você tem que resolver problemas e encontrar soluções. Você valoriza o estilo, a prosperidade e a posição hierárquica ou social. Gosta de conviver com pessoas bem-sucedidas, desde que elas sejam importantes para seu aprendizado e para a sua ascensão, e que, logicamente, não entrem em competição com você.

PROFISSÕES EM QUE VOCÊ, PESSOA DE DESTINO 8, PODE APROVEITAR MELHOR O SEU POTENCIAL

Habilidades executivas, talentos para organizar e gerenciar. Com essas características, você pode exercer atividades empresariais, de direção, administração e gerência de projetos de grande envergadura. Você se sente perfeitamente bem no controle de empreendimentos de vulto, empresas e corporações. A pessoa de Destino 8 é capaz de brilhar também em atividades onde possa exercer o poder e o controle, como na política ou em corporações militares. Sente-se atraída por negócios que exijam coragem, capacidade de observação, autoconfiança, autocontrole e dinamismo. Devido à sua grande vitalidade, força física e resistência, pode dedicar-se ao esporte e em cada competição procurar bater recordes e superar os seus limites, provando principalmente do quanto é capaz.

VOCÊ, QUE TEM UMA ENERGIA DE DESTINO 8, APRENDA A LIDAR COM AS SUAS CARACTERÍSTICAS

Pode faltar paciência para lidar com pessoas menos eficientes ou que não pensem da mesma maneira que você. Cuidado para que a impaciência e a intolerância não contribuam para o surgimento de obstáculos em seu caminho, dificultando especialmente a superação deles. Suas recompensas dependem unicamente dos seus esforços.

Sua ambição pode ser tão exacerbada que leva você a passar por cima de tudo e de todos para chegar aos seus objetivos.

O desejo de manipulação e controle é capaz de fazer você assumir atitudes autoritárias e possessivas. Sua rigidez pode ser prejudicial, dificultando a adaptação a situações imprevisíveis, assim como criando problemas no convívio com seus colegas de trabalho ou profissão. A excessiva crítica e as altas expectativas contribuem para que você encontre falhas em tudo e em todos. Cuidado com a aparência de excessiva autoconfiança e autocontrole, pois ela pode afastar você das pessoas.

Você tem atributos de sobra para lograr êxito nos seus projetos: iniciativa, coragem de correr riscos, capacidade de empreender, independência e habilidade em solucionar problemas. Tudo isso pode contribuir para que concretize os seus planos, desde que não se deixe envolver totalmente pela ambição sem limites. A determinação é um fator fundamental. Lembre-se de que a obsessão pela recompensa financeira é prejudicial. Preocupe-se, antes de mais nada, com a sua atitude em tudo o que faz. Este é um ponto de crucial importância: manter as expectativas somente em ganhos financeiros pode conduzir a uma permanente insatisfação e a sucessivos fracassos. O dinheiro vem quando você consegue dar importância à vida num sentido mais amplo e à espiritualidade. O sucesso também é fruto da maneira como você direciona a sua ambição para outros caminhos que não o do proveito próprio e o da ganância.

O NÚMERO 9

ENERGIA PARA INFLUENCIAR, COLABORAR E SERVIR
EM GRANDES CAUSAS VOLTADAS PARA O BEM COMUM

Este é um Destino muito amplo em que a pessoa busca fazer algo que possa trazer benefícios para o mundo. Nesta trajetória você tem algo a ensinar, a mostrar e a compartilhar. Por isso, você prefere rodear-se de pessoas, embora possa sofrer tremendamente a influência delas e do ambiente em que vive. Você tem um propósito de vida e deseja realizá-lo. Não é à toa que para você o trabalho significa muito mais do que ter uma atividade ou receber um salário no final do mês.

O seu Destino lhe oferece inúmeras oportunidades para experimentar muitas mudanças. Um dia nunca é igual ao outro. Sua vida não é linear, podendo surgir novas atividades a cada momento. Desde cedo você busca a realização, aprecia os desafios e as emoções fortes.

No seu caminho, suas oportunidades são sempre grandiosas e os interesses, variados, proporcionando contatos com pessoas de muita influência e das mais diferentes culturas, raças, credos e profissões. Você aprende com elas através das suas vivências e histórias A pessoa de Destino 9 estará propensa a estudar outros idiomas e aprender novos estilos de vida. Deverá ser tolerante, compreendendo as diferenças e abrindo-se para elas. O 9 amadurece no decorrer de seu caminho a partir das experiências que tem e com as quais se envolve.

Você se entrega à vida de maneira muito intensa e vigorosa, sem grandes planejamentos. O seu desejo é viver. Com muita determinação e coragem, você busca maneiras de sentir que sua existência está valendo a pena.

No seu caminho, o idealismo serve de guia e motivação. Seu Destino é o mundo, e você quer aprender. É importante saber, estudar e conhecer a história de outros povos que envolvem a sua vida. Os assuntos políticos, sociológicos e filosóficos chamam a sua atenção, e com o seu carisma você influencia os outros. Você é uma pessoa formadora de opinião.

Não há barreiras geográficas ou ideológicas que o impeçam de levantar a sua bandeira. Você luta por aquilo que considera importante. Seu comportamento e sua maneira de ser e levar a vida não obedecem a padrões nem a estereótipos sociais. Você pode se dedicar a organizações humanitárias e participar de movimentos para a melhoria da qualidade de vida.

Sob esse Destino, o tempo contribui demais para que você se acomode às suas exigências. Você aprende e amadurece, amadurece e aprende. Vai conseguindo se desligar da necessidade de satisfações individuais e egocêntricas e passa a acreditar que a satisfação de viver é muito mais valiosa e recompensadora.

PROFISSÕES EM QUE VOCÊ, PESSOA DE DESTINO 9, PODE APROVEITAR MELHOR O SEU POTENCIAL

Seus interesses são muito amplos e seus talentos, bem variados. Sua criatividade explica os seus dons naturais para as artes, principalmente na vanguarda de movimentos na música, no teatro e na comunicação. Você pode ter uma trajetória mais voltada às ações solidárias, de enriquecimento do valor da pessoa, e seguir uma carreira na medicina, no ensino e no aconselhamento. Como pessoa popular e carismática, tem uma mensagem espiritual, moral, ética ou religiosa para motivar os outros. Por isso, deseja mostrar-se para eles. Neste sentido é capaz de desempenhar-se bem na política. Por fim, também pode sentir motivação para seguir carreiras em que o risco é um fator predominante. Na empresa que criar, talvez se dedique a negócios que sejam o ponto de encontro entre pessoas: restaurante, casa noturna, etc.

VOCÊ, QUE TEM UMA ENERGIA DE DESTINO 9, APRENDA A LIDAR COM AS SUAS CARACTERÍSTICAS

O 9 não dá valor às coisas do dia-a-dia. Quer envolver-se em atividades mais universais. Quer reformar e para isso vai aonde é necessário. Seu idealismo e sua vontade de realizar o melhor podem fazer você se desviar da realidade. Cuide para que suas idéias para o trabalho sejam viáveis e de ordem prática.

Não deixe que o envolvimento nas suas atividades e nas suas causas afaste você da família e daqueles que também desejam a sua atenção.

É necessário equilibrar as emoções com a razão. Saiba dominar a sua tendência a fazer drama. Você é uma pessoa bastante sensível, absorvendo tudo de maneira muito profunda. Assim, não permita que apenas os seus sentimentos determinem as suas atitudes.

Saiba canalizar de maneira produtiva seus impulsos. Você é incansável e não pára na sua ânsia de conhecer, experimentar e aprender. Mas é importante lembrar: não deixe de pensar antes de agir.

Encha a sua vida de conhecimento, desenvolva mais a compaixão e a solidariedade. Assim, você terá toda a inspiração necessária para que o seu trabalho seja reconhecido. A sua trajetória é a liderança, de maneira a conseguir motivar as outras pessoas. Você possui sua verdade e luta por ela, mas precisa ter os pés no chão para saber se não é uma mera utopia. Se deixar-se dominar pela possessividade e pela dependência de necessidades materiais, terá muita dificuldade em se realizar.

Aproveite cada momento para aprender. Ouça as pessoas mais velhas e com mais experiência. Saiba deixar para trás objetivos e relacionamentos que já não lhe servem mais e só lhe causam prejuízo.

O NÚMERO 11

ENERGIA PARA LIDERAR, CRIAR E CONSTRUIR

Este é um caminho de número-mestre. Durante sua trajetória é possível que a percepção da sua consciência evolua. Suas expectativas, ideais, intuição e pensamentos vão abrir espaço para que você vivencie uma grande e diferente dimensão de desenvolvimento. Sua ambição será voltada para causas mais humanitárias e que atinjam um grande número de pessoas. Seu destino lhe abre oportunidades para grandes aquisições em várias áreas. Seus caminhos vão se revelando de maneira gradativa, pois dependem do seu amadurecimento espiritual. Seu Destino é de liderança, mas só aos poucos você se sente confortável em sua relação com o mundo. Seus projetos devem influenciar positivamente a sociedade e você poderá servir de inspiração para as outras pessoas.

Você é uma pessoa que possui grande motivação e cujo lugar é onde possa ser vista, comentada e, acima de tudo, ter seu exemplo de vida seguido. Por isso, você deve usar o seu potencial com grande sabedoria. A vida irá sempre exigir muito de você. Seu Destino possibilita que suas idéias originais contribuam para o progresso. Com isso, você pode provocar uma grande abertura para o desenvolvimento da sua alma.

Você tem grande percepção espiritual e está sempre buscando verdades sobre si ou sobre a vida, principalmente aquelas capazes de beneficiar muitas pessoas. Você tem poder para modificar tudo que está ao seu redor, criando condições novas e iluminando novos caminhos. Você escolhe de forma seletiva as pessoas com quem convive. É idealista, lutando intensamente pelos princípios em que acredita.

PROFISSÕES EM QUE VOCÊ, PESSOA DE DESTINO 11, PODE APROVEITAR MELHOR O SEU POTENCIAL

Você pode ter êxito em atividades profissionais que lhe possibilitem desenvolver o seu potencial de inspirar as outras pessoas. Da mesma forma, sua realização se dará em projetos que coloquem você na posição de liderança. Você terá boas condições de brilhar como artista em todas as áreas: escultura, pintura, televisão ou rádio, música, literatura, artes dramáticas. Na linha de fazer o bem para muita gente, você também possui vocação para dar orientação espiritual, ser terapeuta e exercer um papel de excelência e dedicação no magistério.

VOCÊ, QUE TEM UMA ENERGIA DE DESTINO 11, APRENDA A LIDAR COM AS SUAS CARACTERÍSTICAS

Encontre o canal pelo qual você poderá dar vazão à sua grande intuição, a seus lindos ideais, à sua forte inspiração, e então você será uma pessoa realizada.

No entanto esteja sempre alerta para que seus sonhos não fiquem totalmente fora da realidade. Mantenha os pés firmes no chão para que a sua luz possa realmente chegar a algum lugar.

Este é um Destino que exige muito empenho e esforço pessoal. Tenha certeza de que o trabalho realizado não deverá servir somente a você, mas a outras pessoas também. A ambição desmesurada, o egocentrismo e o individualismo podem levar a perdas e dificuldades.

A maneira de conduzir as oportunidades que o Destino coloca à sua frente é muito importante para que você consiga viver à altura do Número-Mestre 11. Não tenha receio de tentar. O seu número lhe traz imensas possibilidades em várias áreas. Aceite os seus dons para a busca da verdade espiritual.

Controle a sua ansiedade para ser capaz de organizar os seus desejos e saber como vai realizá-los. Aprenda a ter paciência e a reservar momentos para reflexão. Conserve sempre a humildade e aprenda a viver com fé.

A história de um escritor e a verdadeira realização.
Mais do que sucesso, uma conquista que não tem preço.

Tenho um Número de Destino 11, que me traz a criatividade e o caminho para que eu possa influenciar e inspirar as pessoas através da minha obra. No entanto, custei a encontrar a minha verdadeira vocação. Trabalhei quase vinte anos como executivo de empresas nos ramos de brinquedos e telecomunicações. Viajei pelos quatro cantos do mundo, ganhei prêmios no Brasil e no exterior. E também ganhei dinheiro.

Mas foi aos 37 anos de idade que comecei a encontrar a minha vocação: criar e escrever livros e projetos. Quando publiquei meu primeiro livro, decidi adotar o nome de Beto Junqueira. Foi uma escolha baseada na estética e sonoridade, sem levar em consideração a Numerologia. E assim segui assinando as muitas obras que escrevi. Pelo contato que travei com a Numerologia, aprendi que este Nome de Realização possuía uma energia 5, que fez com que muitas portas se abrissem no meu caminho, permitindo que eu exercesse minha criatividade com liberdade. A Numerologia também mostrava que meu Número de Destino 11 sinalizava que eu estava no caminho certo: escrever.

Não posso negar que obtive sucesso e os números literalmente não mentem: vendi mais de meio milhão de livros. Uma das obras, *Vivendo melhor através da Numerologia*, que escrevi com Aparecida Liberato e Irene Bryg, ganhou o Prêmio Jabuti de melhor capa e foi lançada no exterior.

A energia do Número 5 estava em sintonia com o meu Número de Destino. Mas eu ainda sentia uma dificuldade imensa em fazer palestras e transmitir minha experiência. Ao lançar pela editora Planeta o livro *Os Natos – Volta ao mundo falando português*, uma obra interativa de aventura dirigida para adolescentes, fiz uma pequena mudança no meu nome. Passei a assinar todas as minhas produções com o Nome de Realização Beto Junqueyra, ou seja, troquei o "i" pelo "y". Com isso, passei a ter um Número de Realização 3, o número da comunicação. E, sem dúvida, uma nova energia iluminou a minha caminhada.

O livro está na terceira edição e já ministrei dezenas de palestras pelo Brasil, contando sobre o processo criativo da obra e os países em que o português é falado. Ao interagir de forma descontraída com milhares de crianças e jovens, voltei a respirar o encantador mundo das escolas e hoje posso dizer que sou uma pessoa realizada. Tenho conseguido transmitir uma mensagem que ajuda a fortalecer a nossa língua e a construir um mundo melhor. Este sentimento de realização não tem preço. E seguramente não há dinheiro nenhum que o compre.

A SUA LIÇÃO DE VIDA
O NÚMERO QUE VEM
DA SUA DATA DE NASCIMENTO

Como dissemos no capítulo anterior, além dos números que vêm do seu nome de nascimento, a data de nascimento tem uma influência muito grande na sua vida. Em seu nome de registro você faz a leitura do seu Destino. Na sua data de nascimento você descobre a lição que deve *aprender* nesta existência. É trilhando o seu caminho – o seu Destino – que você vai chegando ao seu maior compromisso com a vida: a Lição que tem que aprender.

Não é o objetivo deste livro analisar extensamente a energia do Número de Lição de Vida (soma da data de nascimento). Mas é importante que você a conheça, pois através dela saberá qual é o seu maior desafio.

O Número de Lição de Vida relaciona-se com o Número de Destino à medida que você tem o compromisso de aprender a sua Lição durante o percurso que faz no seu Destino. O seu nome indica as oportunidades e as dificuldades que você encontra. A sua data de nascimento indica a grande razão da sua existência, e por isso é fundamental conhecê-la. Pais e filhos com nomes iguais diferem no que devem aprender, pois têm datas de nascimento diversas. Irmãos gêmeos com a mesma Lição de Vida podem diferir no caminho a trilhar, por terem nomes diferentes.

No seu Destino você recebe diariamente informações e estímulos do mundo exterior. Lidando com eles, relacionando-se com as pessoas, conhecendo-se e fazendo da sua vida uma caminhada de compreensão e felicidade é que você vai aos poucos aproximando-se da sua Lição de Vida. Assim, quanto mais perto dela estiver, mais realização e serenidade você vai encontrar.

Para conhecer o seu Número de Lição de Vida, basta somar a sua data de nascimento: dia + mês + ano. Vamos tomar como exemplo uma pessoa que nasceu em 29 de outubro de 1964. Como sempre, some os números, até reduzir o resultado final a um único dígito:

$$29+10+1964 = 2+9+1+0+1+9+6+4 = 32 \blacktriangleright 3+2 = 5$$

O Número de Lição de Vida é 5. Não se esqueça que se o valor da soma for 11 não é preciso reduzir o resultado até um dígito. Para você entender melhor, veja o exemplo de uma pessoa que nasceu em 16 de junho de 1978:

$$16+6+1978 = 1+6+6+1+9+7+8 = 38 \blacktriangleright 3+8 = 11$$

Neste caso, o Número de Lição de Vida é 11, e não 2!

A seguir, apresentamos de forma sucinta qual o desafio que cada Número de Lição de Vida traz:

- LIÇÃO DE VIDA 1 – Aprender a ser independente, agindo com coragem e liderança.
- LIÇÃO DE VIDA 2 – Aprender a cooperar, agindo com paciência e unindo as pessoas.
- LIÇÃO DE VIDA 3 – Aprender a se expressar, agindo com otimismo e motivando as pessoas.
- LIÇÃO DE VIDA 4 – Aprender a produzir, agindo com lealdade e planejamento. Construir a vida sobre fundações sólidas e firmes.

- LIÇÃO DE VIDA 5 – Aprender a mudar, agindo com liberdade responsável.
- LIÇÃO DE VIDA 6 – Aprender a ajudar, agindo com equilíbrio entre dar e receber. Ser responsável e trazer harmonia e equilíbrio.
- LIÇÃO DE VIDA 7 – Aprender sobre o significado da vida, compartilhando com os outros as suas descobertas.
- LIÇÃO DE VIDA 8 – Aprender a usar o poder e a autoridade sem obsessão e ao mesmo tempo controlando a vaidade.
- LIÇÃO DE VIDA 9 – Compreender a relação entre todas as coisas, agindo com aceitação e tolerância.
- LIÇÃO DE VIDA 11 – Este é um número-mestre. Sua Lição de Vida é aprender a inspirar as pessoas, levando a elas os valores da espiritualidade. O 11 relaciona-se com idéias criativas, com liderança, sempre direcionado a ensinar ou beneficiar as outras pessoas.

Para você entender melhor o que significa a relação entre o Número de Destino e o Número de Lição de Vida, damos abaixo alguns exemplos reais do que estes dois números representaram na vida de algumas pessoas cujos sobrenomes omitimos para lhes preservar a privacidade. Em todos esses exemplos, o Destino colocou oportunidades para que a pessoa aprendesse a Lição:
- ADRIANA, Número de Destino 8, é proprietária de uma indústria de confecção de roupas. A Lição de Vida a ser aprendida é 1: quando seu casamento, que era todo o seu apoio, terminou sem mais nem menos, ela, que dependia totalmente do marido, teve que aprender a ser 1: tocar sozinha seu empreendimento e cuidar de seus dois filhos.
- EDUARDO, Número de Destino 9, é formado em psicope-

dagogia e dedica-se a atender crianças com dificuldades de aprendizagem. Sua Lição de Vida, 4, consiste em aprender a construir algo concreto que lhe traga segurança. Ele exerce sua vocação dedicando-se a um empreendimento: é proprietário e administrador de uma escola de educação infantil.

- GERALDO, Número de Destino 1, muito cedo perdeu o pai e teve que cuidar da sua mãe. Através de seu esforço, conseguiu formar-se em jornalismo. Porém, com uma Lição de Vida 3, necessita aprender a comunicar-se. Atualmente é locutor e pretende apresentar programas em televisão.

- ELISÂNGELA, Número de Destino 9, dona-de-casa, totalmente dedicada a diversas atividades de solidariedade e ação social em sua comunidade. Sua Lição de Vida: aprender a ser 8, ou seja, assumir o comando da sua vida e de seus negócios. O marido, que a apoiava totalmente em sua dedicação aos outros, adoeceu e passou a depender dela. Elisângela teve que assumir o controle dos negócios, da sua família e da própria vida.

Devemos ter em conta que a Lição de Vida é uma vibração a ser aprendida durante toda a nossa trajetória. Às vezes não se consegue aprender; outras vezes somente com muitos anos de idade é que a pessoa chega até ela. A Lição de Vida está intimamente relacionada com o encontro com a nossa mais profunda essência – com a nossa alma.

Agora que você já teve uma boa base da Numerologia e dos principais números, passemos aos Números de Realização. Vamos ver o que eles representam e como podem interferir na sua vida. Vamos ensinar como você pode chegar a um bom Nome de Realização, e damos vários exemplos de pessoas que mudaram suas vidas com a ajuda desta nova energia.

OS NOMES DE REALIZAÇÃO
ABRINDO UM NOVO CANAL DE
ENERGIA NA SUA VIDA

O Nome de Realização indica qual é a via ou canal por onde a energia do nome de nascimento se manifesta. Por isso, é muito importante que esse nome esteja em harmonia com o nome do nascimento.

O Nome de Realização, também chamado Nome Profissional ou Nome Artístico, é aquele que você usa no seu cartão de visitas ou com o qual assina toda a sua produção: em cartas e documentos, assim como nos créditos de um trabalho de qualquer natureza (peça artística, laudo, parecer, livro, quadros, projetos publicitários, de decoração, arquitetura, engenharia, etc.). É o seu pseudônimo ou apelido. É o nome onde você coloca a sua identidade e a energia que vai impulsionar sua carreira profissional.

Não se esqueça de uma regra básica: quando você escolhe e passa a fazer uso do seu Nome de Realização, o seu Destino não será alterado. O Nome de Nascimento seguirá vibrando por *toda a sua vida* e determinará sua trajetória, seus talentos, o tipo de experiências, as dificuldades que surgirão e as suas escolhas.

No entanto, um novo nome poderá trazer uma qualidade que falta, uma energia ausente. Usar um Nome de Realização pode facilitar ou dificultar o desenvolvimento dos talentos naturais trazidos no seu Nome de Nascimento.

É importante salientar que você não vai se tornar uma artista ou um empresário porque adotou um nome com essa energia. Este novo nome deve ter uma energia relacionada com os talentos vindos com o seu destino. Você também não se torna um homem (ou uma mulher) de negócios bem-sucedido porque simplesmente incorporou um número de poder ao seu nome profissional. É fundamental que você procure equilibrar a força do Destino com o novo nome, pois o Nome de Realização tanto pode facilitar o seu caminho como pode comprometer a sua realização.

Resumindo, a vibração do seu Nome de Realização poderá contribuir com alguma característica importante que lhe falta. Estando em harmonia com o Número de Destino, ele irá facilitar a sua trajetória profissional, abrindo portas, potencializando qualidades e possibilitando que você tenha melhores condições para a sua realização.

Para que você entenda melhor esta questão, vamos retomar os exemplos anteriores, entendendo a relação entre os Números de Destino e os Números de Realização de Coco Chanel e Donald Trump:

▶ Nome de Nascimento – Gabrielle Bonheur Chanel

Número de Destino 8
▶ Nome de Realização – Coco Chanel
▶ Número de Realização – 3+6+3+6 + 3+8+1+5+5+3 =
= 43 ▶ 4 + 3 = **7**

O Nome de Realização, 7, vindo de um apelido que recebeu de seu pai, permitiu que Gabrielle, agora Coco Chanel, fizesse o que era diferente, ousando e criando novas tendências na moda que conquistariam o mundo inteiro. Extremamente detalhista, ela lançou um estilo muito diferente de moda, simples, prático e elegante, que dava mais liberdade à mulher. Quem não conhece o tubinho preto, o costume Chanel, o perfume especial e o corte de cabelo característico? O 7 fez com que ela se especializasse a ponto de criar uma marca inconfundível, presente em bolsas, roupas e perfumes de alta qualidade.

Como já vimos anteriormente, Gabrielle Bonheur Chanel tem um Número de Destino cuja energia é 8. É aquele que traz ambição e desejo de dar vôos altos. O Universo coloca no caminho de quem tem esse número situações e oportunidades para que a pessoa consiga ter um pensamento amplo e grandioso, trabalhando de forma obstinada, e assim conseguindo conquistar o gosto e a admiração dos críticos da moda e do público consumidor.

Com o Número de Realização 7, Coco Chanel pôde expressar todo o potencial do seu Destino 8, trabalhando de forma mais criteriosa e perfeccionista, o que a fez destacar-se pela qualidade e pelo diferencial dos seus produtos.

Antes de nos aprofundarmos mais nessa questão, vamos estudar o outro exemplo do início do livro: a trajetória do empresário Donald Trump.

▶ Nome de Nascimento – Donald John Trump
Número de Destino 5
▶ Nome de Realização – Donald Trump
▶ Número de Realização – 4+6+5+1+3+4 +
2+9+3+4+7 =
= 48 ▶ 4 + 8 = 12 ▶ 1 + 2 = **3**

Donald Trump tem um Número de Realização 3. Esta nova via de expressão permitiu que ele desse vazão a toda a sua criatividade. Essa energia trouxe-lhe uma nova maneira de direcionar seu poder criativo e sua ousadia, características do

Destino 5. Com este novo nome 3, ele pôde expressar e comunicar melhor sua energia 5. Ou seja, o número 3, em harmonia com o Número de Destino 5, transformou este americano de Nova York num dos maiores e mais ousados empresários de todo o mundo, em especial no segmento da comunicação. Com negócios em várias áreas, Donald Trump destaca-se por sua imensa capacidade em transmitir novas idéias. Criou com grande êxito o programa *O aprendiz,* entre outros, o que atesta a criatividade e a ousadia que possui.

Tanto no exemplo de Coco Chanel como no de Donald Trump vimos como a vibração do nome que os dois usam em suas profissões abriu as portas para expressar o potencial de nascimento tanto da empresária que revolucionou o mundo da moda como do megaempresário e showman.

A maneira de calcular o Número de Realização é igual à usada para saber o Número de Destino. Utilize a tabela que se encontra na página 41.

Muitas pessoas escolhem, de maneira inconsciente e totalmente intuitiva, nomes de realização que funcionam em perfeito equilíbrio com o nome de nascimento. Com isso, acabam canalizando todas as energias para conseguir atingir exatamente os seus objetivos.

Mas você pode escolher *consciente e deliberadamente* um Nome de Realização que esteja em total harmonia com o seu Nome de Nascimento, e assim ter um novo meio de direcionar os seus talentos naturais e manifestar a energia de seu Destino. Se, por exemplo, o seu Destino é 1, você tem idéias originais, aprecia o desafio e é uma pessoa de ação. Se escolher um Nome de Realização com uma energia 8, será capaz de canalizar todo o seu impulso para o mundo dos negócios ou para atividades em que tenha que assumir uma postura firme e de autoridade.

Se você tem um Destino 5, suas características são curiosidade e criatividade. Ao escolher um nome profissional de energia 7, poderá canalizar essa intensa e difusa energia de maneira a se especializar em uma determinada área.

A seguir, ilustramos esse aprendizado com a vivência de algumas celebridades de projeção mundial que construíram algo de positivo para a humanidade.

O NOME DE REALIZAÇÃO 1

Um Nome de Realização que tenha a energia 1 pode ajudar você nos seguintes aspectos:
• Fortalecer a independência.
• Facilitar um caminho de ação.
• Abrir-se para a iniciativa.
• Contribuir com a energia necessária para começar novas empreitadas.
• Fortalecer a originalidade e a inventividade.

Analisemos dois exemplos de celebridades em atividades distintas que fizeram com êxito aquilo de que gostavam e em que acreditavam.

MOHANDAS KARAMCHAND GANDHI
(NÚMERO DE DESTINO 3)
MAHATMA GANDHI (NÚMERO DE REALIZAÇÃO 1)

O Destino 3 de Mohandas já revelava sua capacidade de comunicar às pessoas, em especial ao povo oprimido, uma nova mensagem. De fato, suas palavras cheias de otimismo levavam a esperança de um futuro de liberdade e dignidade a todos, independentemente de classe social, raça, sexo ou religião.

Mas foi o Nome de Realização Mahatma Gandhi, como todos o conhecemos, com a vibração e a energia do Número 1, que possibilitou que ele abrisse um novo canal para expressar sua poderosa mensagem. Assim, Gandhi exerceu uma grande liderança política e espiritual. Ele foi o líder, o inovador que pregava uma forma de luta inusitada: a resistência pacífica através da tática da desobediência civil. E conseguiu: a Índia conquistou a independência sem nenhum derramamento de sangue.

Mahatma Ghandi nasceu em 2/10/1869, o que lhe dá um Número de Lição de Vida 9. Isso significa que seu grande objetivo foi aprender a solidariedade, a compaixão e o idealismo, sonhando com um mundo melhor, mais justo e mais humano.

JACQUES YVES COUSTEAU (NÚMERO DE DESTINO 8)
JACQUES COUSTEAU (NÚMERO DE REALIZAÇÃO 1)

Com o Número de Destino 8, uma energia de poder, ele foi impulsionado a integrar-se como oficial na Armada Francesa. Jacques Yves Cousteau era um grande atleta e inegavelmente um mergulhador nato. Carregava uma grande energia de realização e sonhava em voar longe. Ou melhor, em mergulhar, indo *bem fundo* nos seus propósitos.

E foi com o seu Número de Realização 1 que Jacques Cousteau transformou-se no grande pioneiro que conseguiu popularizar o estudo do misterioso mundo da vida marinha. Formou um grupo de proteção ambiental, liderou e executou diversos experimentos. A criatividade e a genialidade desse francês não pararam aí: Jacques Cousteau inventou o Aqualung e foi também o precursor da fotografia e da filmagem submarinas.

Aqui, mais uma vez, notamos uma pessoa com grande capacidade empreendedora que conseguiu canalizar essa energia, capacitando-se como um grande inovador e vanguardista e presenteando o mundo com novas descobertas. Não fosse deste modo, ele talvez tivesse sido um homem com muita vontade, com grande potencial, mas jamais teria conseguido direcionar tudo isso para iniciativas que lhe dessem tanta projeção. Quem não assistiu e não se encantou com um documentário do famoso mergulhador francês?

Jacques Cousteau nasceu em 11/6/1910, o que lhe dá um Número de Lição de Vida 1. Isso significa que seu grande desafio foi aprender a ser um pioneiro, um desbravador, a superar as dificuldades que o limitavam.

O NOME DE REALIZAÇÃO 2

Um Nome de Realização que tenha a energia 2 pode ajudar você nos seguintes aspectos:

• Facilitar a atitude de receptividade.
• Facilitar a atitude de cooperação para realizar trabalhos conjuntos.
• Aumentar a sensibilidade para com os sentimentos dos outros.
• Facilitar a atitude de diplomacia.

Analisemos o exemplo de uma celebridade que obteve êxito naquilo de que gostava e em que acreditava.

EDSON ARANTES DO NASCIMENTO
(NÚMERO DE DESTINO 6)
PELÉ (NÚMERO DE REALIZAÇÃO 2)

Seu nome de nascimento, Edson Arantes do Nascimento, lhe traz um Destino 6, em que sua trajetória marca, nos anos 1960, o entrosamento de um indivíduo negro numa sociedade em que a segregação racial era estabelecida por lei. Ele se tornou um astro reconhecido mundialmente que rompeu essas diferenças. Foi um marco ter Pelé reconhecido e admirado como rei nos Estados Unidos e na Europa (site oficial do Pelé – www.pelenet.com.br).

Seu Nome de Realização, Pelé, um apelido usado desde criança, tem energia 2, estabelecendo um canal de expressão para o seu Destino de responsabilidade social. Seu apelido Pelé facilita a atitude de receptividade e de diplomacia, a ponto de ter sido eleito Embaixador Internacional do Esporte, Embaixador do Meio Ambiente e Desenvolvimento (pela ONU) e Embaixador pela Unesco, além de ter recebido o Prêmio Internacional da Paz.

Pelé nasceu em 23/10/1940, o que lhe dá um Número de Lição de Vida 11. Isso significa que seu grande desafio é aprender a se tornar um motivo de inspiração e um exemplo a ser seguido.

O NOME DE REALIZAÇÃO 3

Um Nome de Realização que tenha a energia 3 pode ajudar você nos seguintes aspectos:
• Aumentar a capacidade de expressão.
• Favorecer o relacionamento social.
• Promover a criatividade.
• Favorecer o entusiasmo.
• Conduzir ao otimismo.

Vamos tomar como exemplo uma pessoa de projeção que, acima de tudo, pode se considerar uma profissional realizada.

AGATHA MARY CLARISSA MILLER
(NÚMERO DE DESTINO 3)
AGATHA CHRISTIE (NÚMERO DE REALIZAÇÃO 3)

O que significa ter um Número de Realização igual ao Número de Destino? Agatha Mary Clarissa Miller tinha a vibração do Número 3 norteando seus caminhos e seus talentos. Foi essa energia que a levou ao mundo da comunicação, ou seja, a poder mostrar os seus sentimentos através da música e dos livros. Não foi à toa que logo cedo ela aprendeu a tocar piano e também "se arriscou" a escrever pequenos contos.

Ao casar-se, passou a usar o nome de Agatha Christie que a acompanharia em suas novas caminhadas, potencializando ainda mais a força de comunicação do 3. Precisava?

Inconscientemente ou não, a escritora inglesa deu muito mais força à expressão de seu talento. A partir daí começou a fazer sucesso com o personagem Hercule Poirot e suas histórias de crimes carregadas de suspense. Se não tivesse fortalecido e potencializado a capacidade de comunicação do seu talento, talvez obtivesse sucesso, porém numa escala muito menor, restringindo-se à sua terra natal. Mas as novas energias fizeram com que Agatha Christie se tornasse uma das maiores escritoras do gênero em todo o mundo. Sua obra foi traduzida para dezenas de línguas e seus números, como no caso de J. K. Rowling, também não mentem: estima-se que Agatha Christie tenha vendido até hoje mais de dois bilhões de livros, traduzidos em 45 línguas. Só não vendeu mais do que a Bíblia e William Shakespeare. Mas, acima dos números estratosféricos de venda, Agatha Christie realizou-se plenamente, fazendo aquilo de que mais gostava.

Agatha Christie nasceu em 15/9/1890, o que lhe dá um Número de Lição de Vida 6. Isso significa que seu grande desafio foi aprender a ser responsável, escrevendo suas histórias com um estilo elegante e cheio de harmonia.

O NOME DE REALIZAÇÃO 4

Um Nome de Realização que tenha a energia 4 pode ajudar você nos seguintes aspectos:
• Promover a capacidade de planejamento.
• Promover a busca da estabilidade.
• Adotar a atitude prática.
• Favorecer a capacidade de organização.
• Fortalecer a atitude de perseverança.

Analisemos a história de duas personalidades de expressão mundial.

MARGARET HILDA ROBERTS (NÚMERO DE DESTINO 7)
MARGARET THATCHER (NÚMERO DE REALIZAÇÃO 4)

Margaret Hilda Roberts, Número de Destino 7, formou-se como pesquisadora na área das Ciências Químicas. Porém isso não bastava. Ela precisava usar a sua capacidade de observar, de analisar e de avaliar em outro campo de ação: na política.

Por isso, cursou Direito e aos 25 anos ingressou na vida política. Com um Destino 7, foi a primeira e por enquanto a única mulher que governou uma democracia européia de grande expressão mundial. Uma trajetória 7, muito especial.

Após o casamento, adotou o nome do marido, que seria o seu Nome de Realização – Margaret Thatcher – com a energia do Número 4. Passou por um período determinante em seus primeiros anos de vida política. O Número de Realização 4 abriu um canal para que ela pudesse colocar em prática todo o seu talento de estabelecer uma lógica, de analisar e investigar problemas para encontrar soluções. Este canal, energia 4, deu a ela grande determinação e firmeza para reconstruir, com ordem e eficácia, a política e a economia britânicas. Com bases conservadoras, a *Dama de Ferro*, como ficou mundialmente conhecida, conseguiu transmitir confiança ao povo britânico, ajustando e controlando as altas taxas de inflação e os conflitos industriais. Não fosse essa energia 4, ela não teria a energia e a mão forte necessárias para conduzir um país que vivia um período de dificuldades.

Margaret Thatcher nasceu em 13/10/1925, o que lhe dá um Número de Lição de Vida 4. Isso significa que seu grande desafio é aprender a construir a vida sobre firmes alicerces e de acordo com determinados códigos de conduta.

OPRAH GAIL WINFREY (NÚMERO DE DESTINO 6)
OPRAH (NÚMERO DE REALIZAÇÃO 4)

Oprah Gail Winfrey tem o Número de Destino 6, o que a coloca numa trajetória em que seu foco são as pessoas, no sentido de proporcionar-lhes apoio e compreender seus problemas e necessidades. Para dar vazão a seus ideais, Oprah Gail

Winfrey decidiu ser jornalista. Acolhedora e sincera, sempre inspirou amor, amizade e afetividade.

Ao adotar apenas o nome Oprah, passou a ter um Nome de Realização 4, o que lhe permite colocar em prática, de maneira firme, toda a capacidade de responsabilidade e amor que o seu Destino lhe trouxe. Com a energia 4, ela fez do seu programa de TV "Oprah" um lugar onde as pessoas encontram apoio, sabem que podem confiar, aprendem com ela, sentem-se seguras. A energia 4 também abriu espaço para que seu trabalho ganhasse uma grande importância, possibilitando-lhe tornar-se administradora do seu próprio negócio. Hoje Oprah é dona de uma respeitada produtora de filmes, shows e vídeos.

Foi portanto através da energia do Número 4 que Oprah ampliou as características do Nome de Destino trazido desde o nascimento. Com isso pôde canalizar de forma organizada e determinada toda a capacidade inata de defender direitos e expressar franqueza e confiança. Isso acontece com muitas pessoas talentosas que poderiam brilhar profissionalmente, mas não conseguem tirar proveito dos seus talentos.

Oprah nasceu em 29/1/1954, o que lhe dá um Número de Lição de Vida 4. Isso significa que seu grande desafio é aprender a projetar e construir sua vida sobre firmes alicerces.

O NOME DE REALIZAÇÃO 5

Um Nome de Realização que tenha a energia 5 pode ajudar você nos seguintes aspectos:
- Aumentar a capacidade de mudar.
- Promover a abertura para correr riscos.
- Intensificar a possibilidade de progredir através de nova liberdade.
- Proporcionar um grande movimento ativo.
- Estimular a criatividade em várias direções.

Analisemos exemplos de pessoas públicas que atingiram êxito nas suas atividades.

REGINALD KENNETH DWIGHT (NÚMERO DE DESTINO 9)
ELTON JOHN (NÚMERO DE REALIZAÇÃO 5)

O Destino 9 de Reginald Kenneth Dwight já o direcionava para uma vida em que o desenvolvimento do talento criativo é fundamental. Desde criança ele se interessou pela música e aos 11 anos de idade já freqüentava a Academia Real de Música, na Inglaterra. O Destino 9 coloca diante de Reginald situações em que ele lida com o público, inspira as pessoas, traz harmonia e beleza com a sua arte. Ele carrega desde o nascimento um conhecimento interior e um carisma que atraem as pessoas e provocam admiração. Seus interesses são amplos e diversos, e se preocupa com questões sociais como o financiamento de pesquisas para combater a Aids. Seu Destino 9 o coloca em contato com o mundo e com as mais diversas culturas.

Seu Nome de Realização, que tem número de energia 5, trouxe um canal para que ele fizesse mudanças no tipo de trabalho que desenvolvia, podendo assim dar plena expansão ao seu talento. Após ter tentando por várias vezes participar de bandas, mudou seu nome para Elton John. Nessa época, passou a compor músicas para letras de Bernie Taupin e começou a fazer sucesso. Seu Número de Realização permitiu que ele colocasse expressividade na música, versatilidade no tipo de composição e ritmos. Essa nova energia também contribuiu para uma certa ousadia e originalidade na maneira de se vestir, assim como para muitas mudanças na vida pessoal. O Número de Realização 5 permitiu-lhe investir em diversas áreas, como trilhas sonoras de filmes, desenhos animados e musicais da Broadway.

Elton John nasceu em 25/3/1947, o que lhe dá um Número de Lição de Vida 4. Isso significa que seu grande desafio é aprender a fazer da sua vida uma construção sólida, dando valor à disciplina, à segurança e ao planejamento.

WILLIAM JEFFERSON BLYTHE III (NÚMERO DE DESTINO 9)
BILL CLINTON (NÚMERO DE REALIZAÇÃO 5)

Seu Destino 9 lhe traz um grande carisma, além de uma trajetória em que o seu desejo é aprender muito sobre todos os assuntos para poder ensiná-los aos outros. Seu interesse extrapola os limites de seu próprio universo. Em sua trajetória, cursou Relações Exteriores na universidade e, mais tarde, Direito. Preocupava-se com as questões sociais e logo se interessou por política. Trabalhou algum tempo como professor.

Com a energia de seu Nome de Realização, Bill Clinton, foi ampliada sua capacidade de aproveitar oportunidades e de ter jogo de cintura para enfrentar situações diversas e inesperadas. A energia 5 abre caminhos para novas experiências.

Bill Clinton nasceu em 19/8/1946, o que lhe dá um Número de Lição de Vida 11. Isso significa que seu grande desafio é aprender a inspirar as outras pessoas através do seu exemplo de vida.

O NOME DE REALIZAÇÃO 6

Um Nome de Realização que tenha a energia 6 pode ajudar você nos seguintes aspectos:
• Favorecer os relacionamentos.
• Promover a harmonia.
• Favorecer a atitude de servir.
• Favorecer o equilíbrio.
• Abrir um canal para inspirar o amor.

Analisemos alguns exemplos de pessoas famosas em atividades distintas onde conseguiram atingir êxito e realização profissional.

FRANCIS ALBERT SINATRA (NÚMERO DE DESTINO 3)
FRANK SINATRA (NÚMERO DE REALIZAÇÃO 6)

Francis Albert Sinatra possuía um Destino de comunicação. Através da energia 3, ele certamente teria por natureza facilidade em falar com muitas pessoas, ou, como mostrou com o tempo, cantar para multidões.

Ao assinar o nome artístico Frank Sinatra, ele atraiu a energia 6, que traz o amor. Não foi à toa que sua música encantou o mundo inteiro, contagiando a todos com seu romantismo. Quantos casais não se aproximaram ao som das canções de Frank Sinatra? Quantos namorados não se reconciliaram, depois de brigas, inspirados pela envolvente voz do cantor? Talvez milhões de pessoas. O que é mais certo afirmar é que, se não fosse essa energia amorosa que o número 6 traz, Francis teria sido um bom cantor, talvez de outro gênero musical, mas sem o mesmo carisma e o mesmo poder de atração.

Frank Sinatra nasceu em 12/12/1915, o que lhe dá um Número de Lição de Vida 4. Isso significa que seu grande desafio foi construir a vida sobre bases sólidas, valorizando a segurança e a estabilidade.

WALTER ELIAS DISNEY, DESENHISTA, PRODUTOR, DIRETOR DE CINEMA (NÚMERO DE DESTINO 3)
WALT DISNEY (NÚMERO DE REALIZAÇÃO 6)

Walter Elias Disney traz no seu nome de nascimento um Destino direcionado para a comunicação. Este idealista americano batalhou de forma incansável até atingir seus objetivos. Mas certamente seu nome profissional foi decisivo para que ele atingisse o coração de crianças e adultos.

As vibrações do seu Nome de Realização 6 trouxeram para Walt Disney uma energia para favorecer seu desenvolvimento nas artes e, acima de tudo, produzir e transmitir amor, afeto, troca e amizade, conquistando milhões, talvez bilhões de pessoas em todo o mundo.

Walt Disney nasceu em 5/12/1901, o que lhe dá um Número de Lição de Vida 1. Isso significa que seu grande desafio foi aprender a acreditar em si mesmo a ponto de ser o pioneiro, o idealizador de um parque temático.

KAROL JOSEF WOJTILA (NÚMERO DE DESTINO 11)
GIOVANNI PAOLO II (NÚMERO DE REALIZAÇÃO 6)

Karol Josef Wojtila possuía um Destino de grande amplitude que o conduziu a se interessar por teatro e artes literárias. Mas ele certamente podia ir mais longe. E foi. Com o tempo, decidiu seguir a carreira religiosa. Estudou filosofia e foi professor de ética. A energia 11 abriu a esse polonês uma grande espiritualidade, levando-o a desenvolver seus próprios talentos e assumir compromissos nobres no sentido de iluminar o caminho das outras pessoas.

O Papa Giovanni Paolo II (João Paulo II em italiano) atraiu para si a energia do Nome de Realização 6 que potencializou ainda mais seus dons naturais, levando-o a se preocupar com maior intensidade pelas condições de vida das pessoas, em especial as menos favorecidas, semeando o amor e integrando povos. Através da palavra e da fé ele pôde contribuir decisivamente para a solução de muitos conflitos. Foi um Papa respeitado em todo o mundo, até por pessoas de religiões que no passado tanto antagonizaram a Igreja Católica.

O Papa João Paulo II nasceu em 18/5/1920, o que lhe dá

um Número de Lição de Vida 8. Isso significa que seu grande desafio foi aprender a usar o seu poder e a sua autoridade.

O NOME DE REALIZAÇÃO 7

Um Nome de Realização que tenha a energia 7 pode ajudar você nos seguintes aspectos:
• Promover a abertura para a espiritualidade.
• Favorecer a busca pessoal.
• Inspirar a especialização em alguma atividade ou função.
• Aumentar a intuição.

Analisemos alguns exemplos de pessoas famosas que se realizaram em atividades distintas.

JOSÉ DE SOUZA SARAMAGO (NÚMERO DE DESTINO 8)
JOSÉ SARAMAGO (NÚMERO DE REALIZAÇÃO 7)

José de Souza Saramago possui a vibração do Número de Destino 8. Filho de camponeses, José certamente sempre sonhou em alçar altos vôos. Determinação, perseverança e ambição devem ter norteado os caminhos deste excepcional escritor português. Mas isso não bastava.

Hoje, o nome José Saramago aparece nas capas de livros em todo o mundo. Com um Número de Destino 8, ele galgou o degrau máximo que um escritor pode alcançar: a conquista do Prêmio Nobel de Literatura, em 1998. O Número de Realização 7, de José Saramago, seguramente contribuiu para que ele atraísse uma grande força espiritual e desenvolvesse expressivamente sua intuição. Voltando-se mais para si mesmo, ele pôde refletir sobre os mistérios da vida. Com isso, conseguiu uma inspiração especial para produzir uma obra que despertou a atenção do público leitor. Essa combinação de energias, Destino 8 com Realização 7, fez com que o escritor atingisse seus objetivos grandiosos. Mas antes teve de se conhecer, aprofundando-se no âmago da sua existência. Não fosse assim, talvez jamais tivesse tido a inspiração necessária para escrever *A jangada de pedra, O evangelho segundo Jesus Cristo, História do cerco de Lisboa*, entre outros.

José Saramago nasceu em 16/11/1922, o que lhe dá um Número de Lição de Vida 5. Isso significa que seu grande desafio é aprender a ser livre e aceitar as mudanças em sua vida.

STEVEN ALLAN SPIELBERG (NÚMERO DE DESTINO 11) STEVEN SPIELBERG (NÚMERO DE REALIZAÇÃO 7)

Seu Destino 11 traz uma energia de liderança e criatividade para ele ser capaz de levar, através da sua arte, inspiração e luz para as outras pessoas. Autodidata e aficionado por cinema desde criança, aproveitou as grandes oportunidades que o destino colocou a seu dispor.

Seu Nome de Realização 7 trouxe-lhe um canal para expressar toda a sua sensibilidade. Este número lhe abriu as possibilidades para direcionar o seu talento em determinado tipo de filme, como o suspense e a ficção. Spielberg dirigiu temas bastante específicos e fantásticos, pois é o mestre dos efeitos visuais. Amante da perfeição, diferenciou-se de tudo o que já se assistira no cinema.

Steven Spielberg nasceu em 18/12/1946, o que lhe dá um Número de Lição de Vida 5. Isso significa que seu grande desafio é aprender a provocar mudanças a partir de sua criatividade e liberdade.

JOSEPHINE ESTHER MENTZER (NÚMERO DE DESTINO 7) ESTÉE LAUDER (NÚMERO DE REALIZAÇÃO 7)

Josephine Esther Mentzer tem um Número de Destino 7. Seu caminho é feito de constantes descobertas e de procurar entender o significado da própria vida. As pessoas com Destino 7 são diferenciadas e possuem um talento especial que deve ser constantemente aprimorado. Este talento as distingue de tudo o que é usual e comum. Por isso, as pessoas 7 são únicas e têm desafios bastante específicos pela vida.

E realmente o Destino 7 direcionou Josephine para as pesquisas e busca incessante por novidades, levando-a a se envolver com a química, a análise e a especialização em algo que pouca gente fazia na época. O Universo colocou à sua frente situações em que pudesse aplicar os seus talentos. Uma delas foi ajudar seu tio que fabricava e vendia cremes, o que começaria a lhe abrir um mundo de oportunidades.

Josephine Esther Mentzer casou-se aos 22 anos e adotou o nome Estée Lauder, Nome de Realização 7. Com o Número de Destino 7 potencializado, ela cresceu no seu trabalho, baseando-se principalmente na investigação e buscando de forma obstinada produtos diferenciados. Não foi à toa que desenvolveu um conceito de produto revolucionário que sempre primou pela altíssima qualidade. Empresária de muito sucesso, Estée Lauder foi criadora de um grande império internacional de cosméticos. Tornou-se uma das pessoas mais influentes no mundo dos negócios e uma das cem personalidades mais importantes do século XX, de acordo com a revista *Time*.

Estée Lauder nasceu em 1/7/1908, o que lhe dá um Número de Lição de Vida 8. Isso significa que seu grande desafio foi aprender a exercer autoridade e poder para direcionar a própria vida.

O NOME DE REALIZAÇÃO 8

Um Nome de Realização que tenha a energia 8 pode ajudar você nos seguintes aspectos:
• Promover a organização.
• Incentivar o direcionamento para atividades de liderança.
• Incentivar a capacidade em organizar o mundo material.
• Incentivar a capacidade de administrar.
• Incentivar a capacidade de autocontrole.

Analisemos dois exemplos de pessoas famosas em atividades distintas.

MADONNA LOUISE VERONICA CICONE
(NÚMERO DE DESTINO 9)
MADONNA (NÚMERO DE REALIZAÇÃO 8)

A trajetória de Madonna Louise Veronica Cicone sempre lhe reservou, e certamente a todos os que a cercaram no correr da vida, um mundo de surpresas. Esse nome traz a vibração do Número de Destino 9, ou seja, a energia do encontro com o mundo, da busca do conhecimento, da grande imaginação e das motivações que vão sempre além do limite.

Ao usar o nome artístico ou profissional Madonna, ela atraiu a energia necessária para concretizar os ideais do seu Destino. Com ele, Madonna pôde desenvolver maior confiança em si mesma para lidar com o mundo dos negócios. A vibração do 8 também lhe proporcionou vigor físico e favoreceu a capacidade empreendedora e de execução. De fato, Madonna explodiu comercialmente e fez sucesso na maioria das empreitadas em que se envolveu; até na literatura, escrevendo para crianças. Foram muitas guinadas de estilo e até de filosofia perante a vida, porém Madonna sempre carregou uma enorme força imaginativa e jamais perdeu sua sede de experimentar novas possibilidades no mundo artístico. No entanto, se não tivesse a força do Número de Realização 8, certamente encontraria muita dificuldade em organizar e gerir tantos negócios, e assim teria limitado seus vôos.

Madonna nasceu em 16/8/1958, o que lhe dá um Número de Lição de Vida 11. Isso significa que seu grande desafio é aprender a servir de exemplo para as outras pessoas, inspirando-as e abrindo-se para a espiritualidade.

NICHOLAS KIM COPPOLA (NÚMERO DE DESTINO 3)
NICOLAS CAGE (NÚMERO DE REALIZAÇÃO 8)

Nicholas Kim Coppola veio ao mundo com um Número de Destino que o direcionou para as artes. As vibrações do seu Nome de Nascimento deram-lhe capacidade de comunicação para expressar todo o seu talento criativo.

Ao adotar o Nome de Realização Nicolas Cage, o ator incorporou um Número de Realização 8. Este número favorece que ele persevere em sua carreira com autoconfiança e tenha especial desempenho em filmes de ação onde precisa mostrar uma personalidade forte e vigorosa, vivendo papéis intensos em disputas de poder e autoridade. Com essa nova energia, atraiu muito mais persistência ao desenvolvimento de sua carreira.

Nicolas Cage nasceu em 7/1/1964, o que lhe dá um Número de Lição de Vida 1. Isso significa que seu grande desafio é aprender a estar à frente de projetos originais, agindo com autonomia.

O NOME DE REALIZAÇÃO 9

Um Nome de Realização que tenha a energia 9 pode ajudar você nos seguintes aspectos:
• Promover o sentido de amor universal.
• Aumentar a capacidade de ampliar seus horizontes.
• Ajudar a conexão com o mundo e maior abertura para novas abordagens.
• Promover sentimentos de tolerância e compreensão.

Analisemos dois exemplos de pessoas famosas que se realizaram em suas atividades:

TENZIN GYATZO (NÚMERO DE DESTINO 11)
DALAI-LAMA (NÚMERO DE REALIZAÇÃO 9)

O Número de Destino 11 já reservava a Tenzin Gyatzo uma vocação para a espiritualidade. Esse humilde tibetano teve que assumir a missão de mensageiro e exemplo voltado para iluminar a vida das pessoas, mostrando-lhes o caminho da paz e da plenitude.

O nome ou título Dalai-Lama traz a vibração do Número 9, carregada de carisma. Essa mesma energia amplia consideravelmente os horizontes e faz dele uma pessoa comprometida com o mundo. O Dalai-Lama é inegavelmente uma figura universal, e suas palavras são referência para a vida de milhões de pessoas, independentemente de raça, nacionalidade ou mesmo religião.

O Dalai-Lama nasceu em 6/7/1935, o que lhe dá um Número de Lição de Vida 4. Isso significa que seu grande desafio é aprender a usar os seus ensinamentos como base firme para construir a vida.

RICARDO ELIECER NEFTALÍ REYES BASOALTO
(NÚMERO DE DESTINO 7)
PABLO NERUDA (NÚMERO DE REALIZAÇÃO 9)

Um nome e tanto: Ricardo Eliecer Neftalí Reyes Basoalto tem um Número de Destino 7, o que lhe trouxe a oportunidade de se aprofundar nos mistérios da vida, compreendendo melhor os sentimentos humanos e captando as emoções. As vibrações do seu nome de nascimento deram a Ricardo a vocação para um trabalho especial e solitário. Assim, este notável chileno foi colocando suas reflexões na poesia. Uma poesia de boa qualidade, porém hermética e individualista.

Ao adotar o pseudônimo Pablo Neruda, ele atraiu a energia do Número 9, abrindo aquele destino para a carreira diplomática internacional. Com isso, pôde conhecer pensadores e poetas, assim como travar contato com outros povos e culturas. O 9 fez com que um novo mundo se abrisse para ele. Ou mais do que isso: a energia da solidariedade fez com que Pablo Neruda se abrisse para o mundo. E com a sensibilidade de um Destino 7 ele colocou toda essa experiência em seus escritos e mudou o tom da sua poesia, passando a se comprometer com as questões políticas e, especialmente, as sociais.

Não fosse essa conjunção de energias, Ricardo não teria dado ao mundo toda a sua genialidade e o seu talento. Quantas pessoas, apesar de terem dentro de si um mundo de conhecimento, acabam ficando isoladas, com toda essa sabedoria represada? Talvez você seja uma delas.

Pablo Neruda nasceu em 12/7/1904, o que lhe dá um Número de Lição de Vida 6. Isso significa que seu grande desafio é aprender a ser responsável, trazendo harmonia e beleza através dos seus escritos.

O NOME DE REALIZAÇÃO 11

Um Nome de Realização que tenha a energia 11 pode ajudar você nos seguintes aspectos:
• Promover a intuição.

Peabody Institute Library
Peabody, MA

You have checked out the following items.
Renew online at www.peabodylibrary.org

Title:O Poder Que Vem Do Seu
Barcode: 31253005345127
Location: PEA
Due Date: 3/29/16 11:59 PM

Title:Por-Do-Sol Em Saint-Tropez
Barcode: 31253005345069
Location: PEA
Due Date: 3/29/16 11:59 PM

Peabody Main 2016-03-08 13:51

- Aumentar o potencial para a abertura da consciência espiritual.
- Promover a capacidade de liderança.
- Promover a criatividade.
- Aumentar a sensibilidade e inspiração para a realização.
- Estabelecer um canal para a expressividade.

Analisemos alguns exemplos de pessoas famosas que se realizaram em suas atividades.

JOANNE ROWLING (NÚMERO DE DESTINO 13/4)
J. K. ROWLING (NÚMERO DE REALIZAÇÃO 11)

Como já vimos, Joanne Rowling possui um Destino 13/4 que lhe traz as oportunidades de observar o mundo ao seu redor de forma precisa e organizada. Ela tem no seu nome de nascimento uma energia que pode transformar tanto a própria vida pessoal e profissional quanto a das pessoas com quem convive.

Ao lançar o primeiro livro, a autora escocesa passou a usar um Nome de Realização carregado de energia 11, o que lhe trouxe luz e inspiração para que fizesse o seu trabalho e pudesse atingir um grande número de pessoas. O 11 também facilitou para que o tema do livro se desenvolvesse com uma grande carga de criatividade, fantasia e misticismo.

J. K. Rowling nasceu em 31/7/1965, o que lhe dá um Número de Lição de Vida 5. Isso significa que seu grande desafio é aprender a aceitar mudanças usando a sua liberdade de maneira construtiva.

PABLO RUIZ PICASSO (NÚMERO DE DESTINO 13/4)
PABLO PICASSO (NÚMERO DE REALIZAÇÃO 11)

Assim como a autora de *Harry Potter,* o nome Pablo Ruiz Picasso possui um Destino que permite transformar, qualquer que seja a atividade exercida.

Ao reduzir seu nome para Pablo Picasso, o pintor e escultor espanhol deu uma nova dimensão à sua caminhada profissional. Esta nova energia trouxe luz, muita criatividade e pioneirismo. O 11 é uma energia que traz a inspiração na arte, abrindo o potencial criativo e provocando nas outras pessoas profundas emoções e percepções.

O Pablo anterior tinha um Destino como mensageiro espiritual dotado de grande intuição. Seu nome profissional potencializou a energia 11 do seu Destino. Com isso, ele aumentou sua criatividade e intuição. Não fosse assim, seu trabalho ficaria restrito a poucos. O mundo teria perdido a oportunidade de conhecer a obra de um grande artista. Quantos talentos não estão adormecidos ou limitados pela falta de uma energia que lhes dê um novo direcionamento na vida?

Pablo Picasso nasceu em 25/10/1881, o que lhe dá um Número de Lição de Vida 8. Isso significa que seu grande desafio foi aprender a usar o seu poder e a sua autoridade para chegar aos seus objetivos.

CHARLES SPENCER CHAPLIN (NÚMERO DE DESTINO 11)
CHARLIE CHAPLIN (NÚMERO DE REALIZAÇÃO 11)

Charles Spencer Chaplin tem um nome de nascimento que lhe traz a energia 11, que é, como vimos, a de um mensageiro espiritual de grande intuição.

Ao se lançar no mundo artístico, Charlie Chaplin potencializou a energia 11 do seu Destino. Com isso, aumentou a própria sensibilidade e a capacidade de realização, como um mestre que mostra e ensina algo aos outros. Essa nova energia também aumentou seu potencial de liderança. Não foi por acaso que ele se transformou num ícone do cinema. Ou mais do que isso. Passou a ser um símbolo da arte de encarar a vida com bom humor e sabedoria.

Charlie Chaplin nasceu em 16/4/1889, o que lhe dá um Número de Lição de Vida 1. Isso significa que seu grande desafio foi aprender a ter um estilo próprio de interpretação, habilidade que ele desenvolveu com mestria para o cinema mudo.

Mudanças de Nome na Bíblia
Para se chegar a uma energia mais equilibrada

As referências de mudanças de nome para se chegar a uma energia mais equilibrada para a vida das pessoas são inúmeras. Citamos aqui duas da Bíblia, a primeira do Antigo, e a segunda do Novo Testamento.

Gênesis 17:

Quando Abrão tinha 99 anos, apareceu-lhe o Senhor e lhe disse: "Eu sou o Deus Todo-Poderoso; anda em minha presença, e sê perfeito. E firmarei o meu pacto contigo, e te multiplicarei extraordinariamente."

Abrão se prostrou com o rosto em terra, e Deus falou-lhe, dizendo:

"Quanto a mim, eis que o meu pacto é contigo, e serás pai de muitas nações. **E não mais serás chamado Abrão,** mas **Abraão será**

---

o teu nome, porque te destinei para pai de muitas nações. Eu te farei frutificar sobremaneira, e de ti farei nações, e reis sairão de ti.

Estabelecerei a minha aliança contigo e com a tua descendência depois de ti. Darei a ti e à tua descendência depois de ti a terra de tuas peregrinações, toda a terra de Canaã, em perpétua possessão; e serei o teu Deus."

Disse Deus a Abraão: "Quanto a Sarai, tua mulher, **não lhe chamarás mais Sarai, porém Sara será o seu nome.**

Abençoá-la-ei, e também dela te darei um filho, o qual abençoarei e será chefe de nações, e dele sairão reis de povos."

Mateus 16:

"Mas vós", perguntou-lhes Jesus, "quem dizeis que eu sou?" Respondeu-lhe Simão Pedro: "Tu és o Cristo, o Filho do Deus vivo."

Disse-lhe Jesus: "Bem-aventurado és tu, Simão, filho de Jonas, porque não foi a carne e o sangue que te revelaram, mas meu Pai, que está nos céus. **Pois também eu te digo que tu és Pedro, e sobre esta pedra edificarei a minha igreja,** e as portas do inferno não prevalecerão contra ela; dar-te-ei as chaves do reino dos céus; o que ligares, pois, na terra será ligado nos céus, e o que desligares na terra será desligado nos céus."

AGORA É A SUA VEZ!

No capítulo anterior vimos que o Nome de Realização, escolhido consciente ou inconscientemente para agregar uma energia positiva ao Nome de Destino, pode ser formado de várias maneiras.

Nas mais simples há a possibilidade de retirar um ou mais nomes dados pela família, reduzindo-se assim o nome que a pessoa recebeu ao ser registrada: Jacques Yves Cousteau ficou Jacques Cousteau, Oprah Gail Winfrey passou a ser Oprah, entre outros exemplos.

Há mudanças mais marcantes para se chegar a um Nome de Realização, como Mohandas Karamchand Gandhi, que se transformou no grande líder Mahatma Gandhi. Ou mais radicais, como William Jefferson Blythe III, que se tornou mundialmente famoso com o nome de Bill Clinton. Ou mais radicais ainda, usando um pseudônimo, como no caso do poeta Ricardo Eliecer Neftalí Reyes Basoalto, que é Pablo Neruda.

Em alguns casos, as alterações são mais sutis, como em Charles Spencer Chaplin, que mudou o primeiro nome e tornou-se Charlie Chaplin. Ou Walter Elias Disney, que tirou um dos nomes e duas letras do primeiro nome, passando a ser Walt Disney. Ambos usaram os apelidos: Charlie e Walt.

Ao escolher o seu Nome de Realização, você também pode encontrar de diversas formas a nova energia que está buscando. Vamos repetir a Tabela de Conversão de Letras para você acompanhar nosso raciocínio.

1	2	3	4	5	6	7	8	9
A	B	C	D	E	F	G	H	I
J	K	L	M	N	O	P	Q	R
S	T	U	V	W	X	Y	Z	

Vamos supor que você queira atrair uma energia de organização e eficiência para canalizar a energia do seu Número de Destino. A maneira mais indicada para fazer isso é trabalhar o seu nome de registro de maneira a conseguir uma energia 4 no seu Número de Realização. Para isso, você precisa mudar o somatório das letras que compõem o seu nome, de tal forma que essa nova soma chegue a 4. Se, por exemplo, você tem um nome de registro com um total 2, basta, numa mudança mais simples, adicionar ao seu nome letras que valham 2.

Uma das alternativas seria acrescentar ao seu nome de registro as letras B, K ou T. Qualquer uma dessas letras somada ao seu nome atual trará a energia 4 que você procura.

Ou seja, há diversas outras formas de chegar à energia que você deseja. Assim, você pode:

• Acrescentar um sobrenome de forma completa ou abreviada. Como fez J. K. Rowling, que antes era Joanne Rowling. Neste caso, ela obteve com o novo nome a energia 11.

• Trocar letras de diferentes valores. Vamos supor que você tenha um Nome de Destino com energia 2 e queira criar um Nome de Realização com energia 9. Uma das muitas possibilidades é substituir alguma letra. Por exemplo, se trocarmos o "s" de Sousa por "z", você vai se tornar Souza. Você

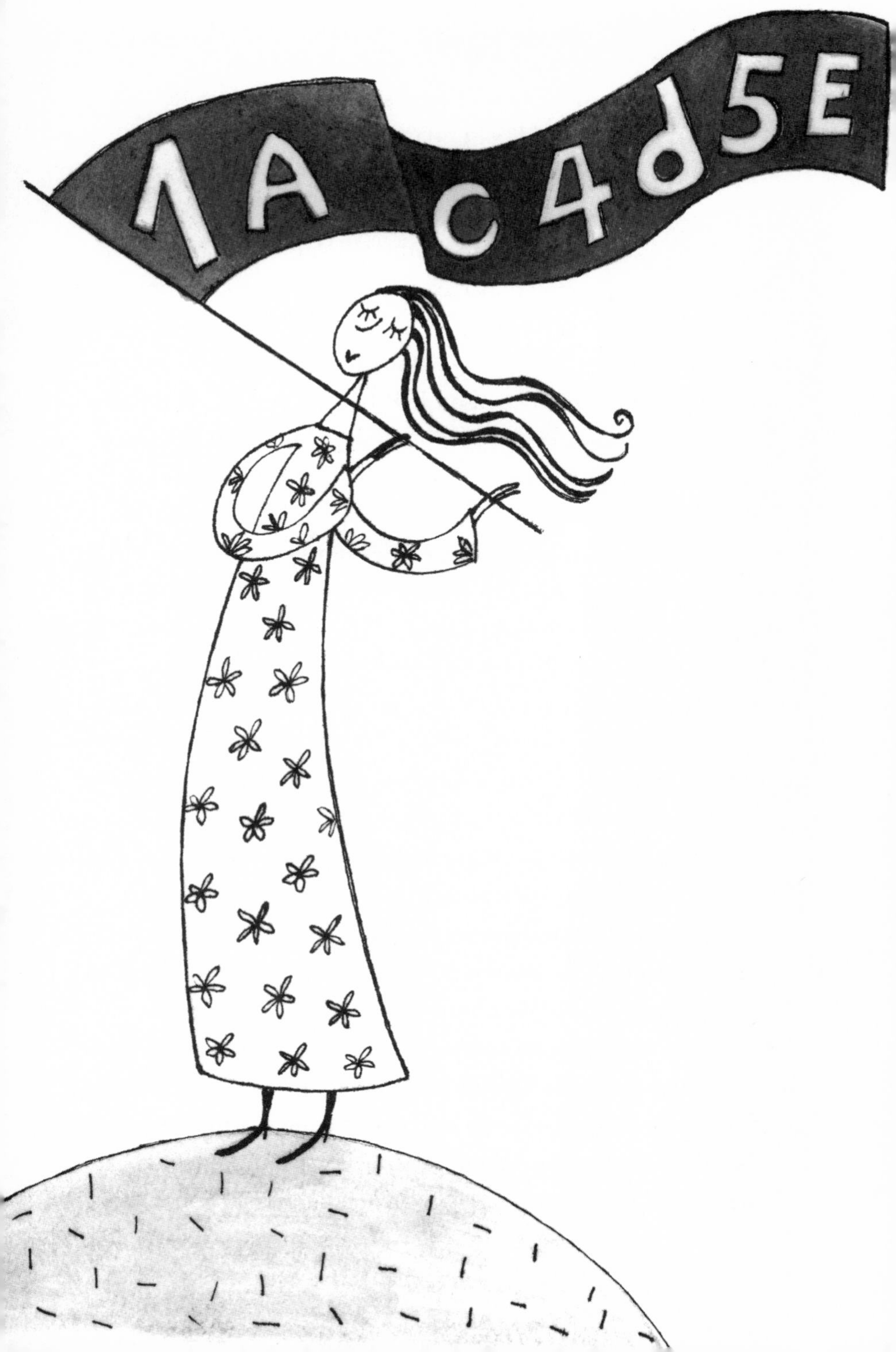
1A c4d5E

tirou uma letra de valor 1, o "s", e trocou-a por outra de valor 8, o "z", aumentando em 7 o somatório e obtendo como resultado um nome de energia 9.

- Tirar um, vários ou todos os sobrenomes para que o somatório chegue à energia que você quer. Como no caso de José de Souza Saramago, que mudou para José Saramago, e com este novo nome trouxe para si a energia 7 do nome com que assinou suas obras.
- Mudar o nome totalmente, utilizando um apelido ou um pseudônimo, como nos casos de Pablo Neruda ou Elton John.
- Usar o sobrenome do marido, como no caso de Agatha Christie, que antes usava o nome de solteira.

Além de procurar um nome com uma nova vibração, *não deixe de respeitar os aspectos estéticos de grafia e principalmente de sonoridade.* Seguem abaixo algumas dicas que não chegam a interferir na compreensão do nome por terceiros:

- Dobrar uma letra, como de Ana para Anna, Milena para Millena, etc.
- Trocar "i" por "y" ou vice-versa: de Beto Junqueira para Beto Junqueyra.
- Colocar um "h" no final de um nome que termina em vogal, como Débora, para Deborah, Sara para Sarah, ou no meio de um nome, como Tiago para Thiago, Tomás para Thomás, Taís para Thaís.

Tenha consciência de que este Nome de Realização poderá trazer uma nova vibração para o seu Destino. E deve ser facilmente lido ou identificado. Ele aparecerá em diversas situações do seu dia-a-dia quando estiver exercendo diretamente ou indiretamente o seu trabalho:

- Nos cartões de visita.
- Na assinatura de cartas, contratos e documentos.
- Na placa de identificação na porta da sua sala ou na sua mesa de trabalho.
- Num laudo ou num parecer.
- Na capa de um livro, na assinatura de um quadro ou escultura.
- Nos créditos de um trabalho publicitário, de uma peça de teatro, no final de um programa ou quadro de televisão.
- Ao assinar uma matéria num jornal ou revista.
- Ao se apresentar ao telefone ou na recepção de uma empresa.
- No crachá de um congresso ou convenção de vendas.

No caso de e-mails, isso não é válido porque:

- As extensões com o domínio ".com" ou "net", o país, etc. não podem ser mudadas por você, em especial na empresa em que trabalha.
- Muitas empresas já têm regras preestabelecidas no tocante ao procedimento que determina o seu e-mail. Exemplo: primeira letra do primeiro nome mais sobrenome ou o inverso.

Mas não se preocupe. No caso de um e-mail, o importante é a sua assinatura ao final da mensagem. Essa é a sua marca e a que carrega a sua energia pessoal de realização.

Enfim, você pode experimentar várias mudanças. O importante é que elas tenham sido fruto de um profundo estudo do seu nome. Escolher um Nome de Realização é tarefa muito importante e deve ser feita de maneira responsável, sempre a partir do que você é, ou seja, da energia que o *seu* Destino traz para você no seu nome de nascimento.

No entanto, é fundamental que antes de mais nada você

esteja feliz com a sua escolha profissional, isto é, que esteja vivenciando o seu Destino de maneira plena, com satisfação.

Como dissemos, é também muito importante que o Número de Realização escolhido por você seja compatível com a energia do seu Nome de Destino.

Você pode ter um Destino 7 e buscar um Número de Realização 1 para ter mais iniciativa e impulsionar o seu Destino e todo o seu talento especial. Você pode ter um Destino 7 e buscar um Nome de Realização 9 para que o seu talento seja muito ampliado e, assim, usado em favor das outras pessoas. Você também pode ter um Destino 7 e buscar um Nome de Realização 3 para poder mostrar e comunicar o seu talento especial. Você ainda pode ter um Destino 7 e buscar um Nome de Realização 7 para fortalecer seu potencial diferenciado.

Por isso, a escolha de um nome para a sua vida no dia-a-dia deve ser feita com muita cautela e certeza.

Primeiro, reflita sobre o seu destino, sobre o quanto você o tem vivenciado de maneira a obter satisfação. Reflita com calma: veja se o seu Destino tem realmente um significado profundo para você. Pense sobre as oportunidades que surgem em sua vida e como você reage a elas. Verifique se as dificuldades que você enfrenta fazem parte da energia do número.

Depois, vá mais além e pense, com a ajuda da Numerologia, sobre o que lhe falta para trazer realização a esse Destino.

A partir daí você pode buscar uma energia nova para o seu nome.

Por fim, além desses pontos importantes, gostaríamos de ressaltar um aspecto que influencia de forma relevante a sua caminhada. Ele está ligado ao seu momento atual, ou seja, seu Ano Pessoal. É do que vamos falar no próximo capítulo.

VEJA QUAL É O SEU NÚMERO DE DESTINO E ENTÃO CRIE OU FAÇA UMA ADAPTAÇÃO DO SEU NOME DE REALIZAÇÃO

Em cada um dos quadros escreva o seu nome na linha de cima e coloque embaixo de cada letra o número correspondente. No quadro A, veja qual é o seu Número de Destino, e, no quadro B, veja o seu Número de Realização atual e vá experimentando as variações, sempre usando a Tabela de conversão de letras (ver página 118), até chegar ao resultado que você deseja. Use um lápis.

A - NOME DE NASCIMENTO E CÁLCULO DO SEU NÚMERO DE DESTINO

B - E AQUI O SEU NOME DE REALIZAÇÃO!

OS PERÍODOS NUMEROLÓGICOS
O SEU ANO PESSOAL

Cada momento da sua vida também possui uma energia diferente que depende das vibrações do seu Ano Pessoal. Por isso, é importante saber quais são as energias que regem o ano que você está vivendo e o que elas significam.

Voltemos um pouco ao pensamento de Pitágoras. Para ele, o elemento fundamental da realidade que rege a ordem do Universo é o número. O número encerra todas as idéias pelas quais um corpo em evolução passa para se aprimorar. Com isso, o Universo obedece a uma determinada ordem. São estágios que seguem princípios cuja representação está nas características qualitativas dos números, na seqüência de 1 a 9. Cada etapa carrega uma energia específica, sua própria identidade e seus desafios. Fazemos parte do Universo, e portanto esses princípios se aplicam a cada indivíduo. Nascemos em um determinado dia, mês e ano, e a partir daí entramos na nossa seqüência de vida. A cada aniversário, um novo ano numerológico se instaura. Compreender essa ordem significa saber o que está por vir. Significa entender por que as mudanças ocorrem e qual o propósito que se encontra por trás de cada experiência. Isso nos prepara melhor para viver o novo ano que se inicia a cada aniversário, pois a partir daí todos os eventos e situações passam a ter um significado muito mais claro. Em vez de rejeitá-los ou nos sentirmos vítimas, temos a oportunidade de lidar com eles de forma a avançarmos no aprendizado de nossa Lição de Vida.

Ao mesmo tempo, isso possibilita que você escolha o momento mais apropriado para adotar determinadas atitudes, fechar um negócio, assinar um contrato ou tomar uma decisão. Enfim, conhecendo a energia que está vibrando naquele momento, você poderá administrar melhor seus problemas, direcionar suas atividades pessoais e obter resultados mais positivos a partir das experiências vividas.

Vamos à prática, ensinando-lhe a identificar em que Ano Pessoal você se encontra agora. Seu Ano Pessoal não começa em 1º de janeiro. Ele abrange o período que vai de um aniversário a outro. Para calculá-lo, basta somar a data do seu último aniversário, ou seja, o dia mais o mês mais o ano do aniversário. Vamos exemplificar com uma pessoa que aniversariou em 10 de fevereiro de 2005:

$$10+2+2005 = 1+0+2+2+0+0+5 = 10 \blacktriangleright 1+0 = 1$$

Esta pessoa está num Ano Pessoal 1.

Antes de ler as descrições de cada ano, faça o seu cálculo e descubra em que ano você está agora e o que pode esperar do Universo em relação às suas oportunidades.

ANO 1

Você desenvolve novas idéias e coloca em movimento seus projetos. Durante este ano, o Universo lhe trará oportunidades para aumentar a sua projeção pessoal e o reconhecimento da sua capacidade.

No trabalho, você percebe que este é o momento de se mover em uma direção completamente diferente, mesmo que isto signifique tomar as decisões sem o auxílio de outra pessoa. Você está aprendendo a ser independente. O foco é você e suas conquistas pessoais. Invista na sua aparência e supra as suas necessidades pessoais. Você é agora uma pessoa renovada e deve prestar atenção em si.

Novas oportunidades surgirão de repente, fazendo com que você tenha que escolher. Acredite na sua capacidade e não tenha receio de começar uma atividade diferente. Não tema o desconhecido, pois este ano também é momento para aprender. Basta ter vontade, pois afinal o futuro está à sua frente.

ANO 2

É necessário cooperar e ter paciência. Você está mais sensível e as emoções muitas vezes podem comprometer o acerto nas decisões tomadas. Há confrontos e atritos com outras pessoas. Eles são necessários e ajudarão no seu aprendizado e na sua caminhada.

A energia deste ano é bastante feminina, e por isso mulheres se aproximam de você para uma atividade conjunta. É mais aconselhável desenvolver uma atividade em grupo. Você encontra apoio e as pessoas desejam unir-se a você. O período é ideal também para definir quais são os parceiros que devem continuar ao seu lado. Se a sua relação com um colega de trabalho chegou a um ponto insuportável, distancie-se dele.

Este é um ano para escutar o que os outros têm a dizer, pois você nunca está só. Seu trabalho, suas atitudes e seus projetos dependem da opinião de outras pessoas, assim como da colaboração delas. É necessário que você se adapte aos seus companheiros.

Este é também um período que passa mais lentamente, com alguns atrasos e demoras. Isso acontece porque você está agora "cuidando das sementes" que plantou no ano passado.

ANO 3

Viagens a trabalho ou lazer podem acontecer. Este é um ano em que você se ocupa demais e pode expandir a sua área de atuação. Há oportunidades de conhecer pessoas que trazem propostas ou que contribuem de alguma maneira para o seu futuro. A sua criatividade está em alta e você pode aplicar suas idéias no trabalho. Você tem muita disposição neste período e isso lhe traz vontade de se envolver em várias atividades ao mesmo tempo. Cuidado para não perder o foco do que é realmente relevante. Você tem muita energia, mas precisa precaver-se, pois é fácil perdê-la se não canalizá-la para os seus objetivos.

ANO 4

Seus interesses estão dirigidos para assuntos de ordem prática, como o trabalho e as questões financeiras. Enfoque seus problemas e oportunidades com realismo e objetividade.

O trabalho é duro. Você deve se esforçar, ter disciplina e determinação. Durante este ano você sente a necessidade de colocar a sua vida em ordem, principalmente no plano profissional. Você deseja segurança e consegue se empenhar para estabelecer um objetivo bem mais claro. No trabalho, é provável que sinta certas dificuldades, como um ritmo muito lento para as coisas acontecerem. Porém, você agora é capaz de se organizar e estar mais consciente de que é necessário se empenhar para conseguir um resultado concreto. Mantenha a rotina e faça um planejamento de tudo o que pretende realizar, dia a dia.

ANO 5

Os eventos ocorrem de maneira inesperada e não usual. Com isso, fique de prontidão para se adaptar às diferentes circunstâncias. O ano traz novas experiências, novos amigos e novas idéias. Você progride.

No âmbito profissional há possibilidades de um novo emprego ou de mudança de atividade. As oportunidades acontecem e você deve aprender a separar e escolher cuidadosamente entre suas várias opções. Você se interessa por atividades diferentes das que está desenvolvendo atualmente. Aceite correr riscos e não se acomode. Experimente o desconhecido. Todavia, saiba separar o que realmente vale a pena daquilo que preenche unicamente os seus desejos mais imediatos.

ANO 6

O foco agora é mais na sua vida doméstica, nas responsabilidades no seu trabalho e com seus amigos e familiares.

No trabalho você encontra mais estabilidade e satisfação. É como se tudo finalmente se ajustasse, caminhando para um bom resultado. Você tem o compromisso de equilibrar a vida pessoal e afetiva com as suas necessidades profissionais. Você enfrenta alguns problemas de relacionamento com seus colegas e superiores. Participe de atividades sociais e esteja disponível para ajudar quem precisa de você.

ANO 7

Se o seu esforço tiver sido positivo e construtivo, você poderá obter grandes recompensas. No trabalho, este pode ser um bom ano no aspecto financeiro se você souber esperar a hora certa de fazer o investimento, pedir uma promoção ou aumento de salário, abrir um negócio. Mas é melhor não provocar nenhuma grande mudança, a ponto de alterar o seu estilo de vida. Não force as situações. Não tenha pressa. Tudo o que acontecer neste ano será resultado de seus esforços em épocas passadas. Este é um período em que você terá a chance de fazer uma reavaliação da sua vida e dos rumos da sua profissão e de seu trabalho. Provavelmente poderá sentir uma certa insatisfação. Procure pensar bastante antes de agir.

ANO 8

Este é o ano em que você aprende sobre a sua eficiência e poder. Você lida não só com a sua autoridade como também com a de outras pessoas. Há disputas de poder. Você mostra uma excelente capacidade executiva e de liderança, por isso se sente capaz de lidar com assuntos financeiros e iniciar algum empreendimento. Com mais audácia, você dá grandes passos nos seus negócios. Saberá neste ano agir de maneira bastante prática para conseguir um avanço na profissão ou no emprego. Você quer mostrar o seu valor e deseja transformar as circunstâncias de maneira a ganhar mais dinheiro e ter o seu trabalho e esforço reconhecidos. Não deixe que o orgulho afaste você das pessoas.

ANO 9

Este é um ano de conclusão, pois seu ciclo de 9 anos se encerra agora. No trabalho, você passa por um período de transição. Se algumas portas se fecham, tenha certeza de que outras se abrirão. Está na hora de você caminhar em outra direção e abrir-se para um mundo novo, começar uma outra atividade ou seguir uma nova tendência. Saiba se desprender do que ficou para trás. Sinta-se livre das amarras do passado. Seus interesses mudam. Aproveite o período para amadurecer.

Após refletir bastante sobre a energia do seu Nome de Destino, após pensar muito para escolher com cautela o seu Nome de Realização, você agora já sabe também quais as vibrações do ano em que se encontra. Assim, poderá tirar mais proveito do momento que está vivendo ou ter mais precaução com as dificuldades que podem surgir no seu caminho. Com isso, ficará mais fácil se organizar e, conseqüentemente, aumentar as possibilidades de ter um bom desempenho naquilo que faz. E, acima de tudo, ter um sentimento mais pleno de realização.

MAS, AFINAL,
AONDE VOCÊ QUER CHEGAR?
A INTUIÇÃO E OS SINAIS QUE A VIDA NOS DÁ

À medida que seus números dão sentido à sua vida e que percebe que seu nome define suas escolhas, você estabelece um contato com a realidade do seu destino. Você tem a revelação do seu próprio Eu. Este conhecimento lhe fornece um guia de viagem para uma jornada interior. Ele pode trazer conseqüências maravilhosas caso você aproveite suas experiências de maneira profunda. Você vive agora um processo intenso de descobertas, elaborações e conseqüentes mudanças.

A leitura deste livro, as descobertas que você vai fazendo e esse mergulho profundo ao encontro do seu ser revelam o quanto a sua vida é maravilhosa e plena de manifestações.

A felicidade é conseguida a partir do momento em que nos compreendemos e compreendemos a própria vida. Após analisar um estudo numerológico, nota-se a satisfação nos rostos das pessoas quando, ao serem revelados seus números, chegam ao autoconhecimento. Elas então encontram motivação para atingir os objetivos que definiram. Assim, podem aquietar o coração, aliviar as angústias provocadas por tantas dúvidas, compreendendo e esclarecendo aquilo que as fazia agir de determinada forma. Tudo fica mais claro, tudo faz sentido. Cheias de coragem e de paz interior, elas se voltam com muito mais determinação para seus objetivos e conseguem realizar-se muito melhor em todos os planos, do afetivo ao profissional.

Porém, o autoconhecimento não termina quando descobrimos o nosso Número de Destino e o que ele significa. Nessa jornada ao seu interior, você pode ir muito mais longe.

Se, além de aproveitar o conhecimento trazido pelos números que regem o seu Destino, você prestar atenção à sua intuição, irá descobrir muito mais sobre a sua razão de viver.

Conhecer é diferente de *saber*. Osho afirma que conhecimento é teoria, saber é experiência. O conhecimento se cria. O saber vem num estalo, como na intuição. Quantas vezes afirmamos "Eu sei que é isso...", sem termos nenhuma explicação lógica.

Vivemos constantemente em movimento, sempre executando tarefas e pensando no que fizemos e no que devemos fazer. Ao usar o computador, ao falar ao celular e numa infinidade de ocupações ficamos presos ao nosso caos individual. Nem tomamos consciência de que em meio a todos esses estímulos recebemos a todo instante informações para as quais não damos o devido valor. É preciso aquietar a mente para ouvi-las.

Aquietar a mente significa dar-se a possibilidade de diminuir o caos e aprofundar a experiência que estamos vivendo. Isto o levará a elaborações e conclusões incríveis. Como diz Krishnamurti, "conhecer-se é saber escutar".

Preste atenção! Preste atenção. Preste atenção... Isso mesmo, pare alguns instantes, relaxe o corpo, respire fundo e comece a prestar atenção aos sinais que a vida lhe dá. Comece a associá-los a tudo o que você já aprendeu sobre o seu Destino e sobre você.

Se alguém diz alguma coisa fora do contexto, algo que nos parece estranho, muitas vezes tendemos a não dar importância, pois isso toma tempo e nos afasta de nossos objetivos. Queremos de tal maneira alcançar resultados rápidos que ignoramos qualquer fator "interferente".

Você já prestou atenção nesses "fatores interferentes"?

Você já prestou atenção em tudo o que acontece à sua volta,

aos detalhes, a uma palavra solta, à repetição freqüente de um fato, a um encontro que você não esperava?

É possível captar uma infinidade de impressões dentro e fora de você. Elas fazem um sentido enorme. Este é um outro tipo de sentir. Muitas vezes os sentidos básicos como ouvir, ver, cheirar limitam a nossa compreensão. Toda percepção física é limitada.

Cinco séculos antes de Cristo, Sócrates já dizia: "Temo que ao observar os objetos com meus olhos, na tentativa de compreendê-los com cada um dos meus outros sentidos, eu possa estar cegando todos eles, assim como a minha própria alma."

Fique em silêncio e "escute". Você pode encontrar mais respostas para as suas perguntas. Você pode conectar o que ouviu ao que viu, e tudo isso a uma nova informação que chegou.

Em resumo, conhecer-se pela Numerologia já lhe deu o título de bacharel do seu Destino. Você agora só precisa se aquietar e prestar atenção aos sinais que o mundo lhe envia. Captar estes sinais é o que chamamos de intuição. E essa intuição estará muito mais aguçada com o seu autoconhecimento, com a jornada interior que a Numerologia já lhe propiciou.

Nem sempre estar na liderança é o melhor, nem sempre ter poder sobre os bens materiais irá fazer a sua felicidade e realização. Tente dar um mergulho dentro de si mesmo a partir da compreensão do seu Número de Destino, a partir da compreensão da sua Lição de Vida, e a partir dos sinais que o Universo lhe fornece. Com isso, você terá muito mais certeza do que deseja de verdade. A energia que você buscará para o seu Nome de Realização terá um sentido de maior profundidade.

E sua caminhada levará você a uma conquista infinitamente mais importante do que o sucesso. Sua caminhada levará você a realizar-se plenamente como ser humano. E este para nós é o nome da felicidade.

BIBLIOGRAFIA

DAVIS, John J. *Biblical Numerology*. Baker Book House.

GORMAN, Peter. *Pitágoras: uma vida*. São Paulo: Editora Cultrix / Pensamento, 1989.

ROOB, Alexander. *Alquimia e misticismo: o museu hermético*. São Paulo: Taschen do Brasil, 2001.

ROWLING, J. K. *Harry Potter and the Chamber of Secrets*. Reino Unido: Bloomsbury.

_____. *Harry Potter and the Goblet of Fire*. Reino Unido: Bloomsbury.

_____. *Harry Potter and the Order of the Phoenix*. Reino Unido: Bloomsbury.

_____. *Harry Potter and the Philosopher's Stone*. Reino Unido: Bloomsbury.

_____. *Harry Potter and the Prisoner of Azkaban*. Reino Unido: Bloomsbury.

_____. *Harry Potter e a câmara secreta*. Rio de Janeiro: Rocco, 2000.

_____. *Harry Potter e a Ordem da Fênix*. Rio de Janeiro: Rocco, 2003.

_____. *Harry Potter e a pedra filosofal*. Rio de Janeiro: Rocco, 2000.

_____. *Harry Potter e o cálice de fogo*. Rio de Janeiro: Rocco, 2001.

_____. *Harry Potter e o prisioneiro de Azkaban*. Rio de Janeiro: Rocco, 2000.

SCHIMMEL, Anne Marie. *The Mistery of Numbers*. Oxford University Press.

SMITH, Sean. *J. K. Rowling: uma biografia do gênio por trás de Harry Potter*. Rio de Janeiro: Sextante, 2003.

VON FRANZ, Marie-Louise. *Adivinhação e sincronicidade*. São Paulo: Editora Cultrix, 1985.

WESTCOTT, W. Wynn. *Os números*. São Paulo: Editora Pensamento, 1995.

ZUMERKORN, David. *Numerologia judaica e seus mistérios*. São Paulo: Editora Maayanot, 2001.

SOBRE OS AUTORES

APARECIDA LIBERATO

COMO CHEGUEI À NUMEROLOGIA.
OU COMO ELA CHEGOU ATÉ MIM.

Aparecida Liberato é formada em Fonoaudiologia pela PUC – SP e exerceu a profissão durante vinte anos. Paralelamente, dedicou-se ao estudo e pesquisa em Numerologia, orientando, através dos números, a vida e a carreira de milhares de pessoas. Faz estudos numerológicos pessoais e empresariais, colabora com jornais e revistas e ministra palestras. Seus livros, *Vivendo melhor através da Numerologia*, com Beto Junqueyra e Irene Bryg, e *Números e aromas do amor*, com Beto Junqueyra, são best-sellers e marcam uma importante fase do desenvolvimento da Numerologia no Brasil. A tradução de seu livro *Vivir mejor a través de la Numerología* tem sido um impulsionador para diversas entrevistas no exterior.

É Aparecida quem nos fala:

"Na minha formação acadêmica, voltada para a área de saúde, já buscava compreender a natureza dos homens, seu espírito e mente. Isto veio somar-se às respostas que encontrei na Numerologia.

"Durante estes anos, fazendo a interpretação numerológica, ouvia as pessoas se admirarem:

'Sou exatamente assim.'

'Agora eu compreendo.'

'Como você soube tudo isso?'

"Uso a Numerologia para ajudar as pessoas a descobrir seus talentos escondidos, a encontrar seu sentido único na vida, melhorar sua auto-estima, para guiar aqueles que se sentem perdidos ou sem um objetivo. Fui conduzida a estudar e compreender esta ciência única e agora auxilio os outros a chegar a esta compreensão. Recebi uma dádiva divina. Agradeço a Deus por meu Destino.

"Saiba que a Numerologia não nos limita nem nos diz o que fazer, mas é um instrumento para ajudar-nos a reconhecer nossas habilidades originais e nossos talentos.

"Quanto mais você se conhecer, mais liberdade terá para escolher seus caminhos.

"Você não é apenas uma pessoa entre muitas, você tem um lugar especial, um talento especial e algo que somente você pode fazer em sua maneira de se expressar.

"Hoje, muitos anos após ter iniciado na Numerologia, fico feliz ao ver as pessoas falando de seus números com familiaridade: 'Eu sou número tal na data de nascimento', ou 'O meu Nome de Destino soma tanto', ou ainda 'Estou num ano de energia tal'. A ciência da Numerologia cresceu no Brasil, acabou com o mito de que é preciso entender de Matemática para fazer a sua análise, e cada vez a energia dos números é mais usada no seu dia-a-dia. Com ela, todos nós podemos ter uma melhor compreensão da nossa vida."

BETO JUNQUEYRA

CRIANDO LIVROS DIFERENCIADOS
E TRANSMITINDO MENSAGENS.
MAS FALTAVA APRENDER A EXPRESSAR MINHAS IDÉIAS...

Beto Junqueyra é Alberto Júlio Junqueira Guimarães Araújo. De origem "luso-mineira", nasceu na capital paulista em 30 de janeiro de 1960. O Número 11 aparece três vezes no seu nome e na sua data de nascimento. Não é à toa que nas suas obras de auto-ajuda e nos livros que escreve para crianças e adolescentes procure desenvolver um trabalho diferenciado, onde possa transmitir mensagens que contribuam para a qualidade de vida dos leitores.

Escreveu quatro livros com Aparecida Liberato, e no best-seller *Vivendo melhor através da Numerologia*, que contou com a parceria de Irene Bryg, conquistaram o Prêmio Jabuti em 2000, justamente pela originalidade da capa, acompanhada por nove cristais. No seu mais recente trabalho, *Os Natos — Volta ao mundo falando português*, publicado pela editora Planeta, criou uma peça interativa, o "portulábio", que ajuda o jovem leitor a decifrar vários enigmas ao longo da história até chegar a um tesouro, passando pelos países de língua portuguesa. Mas Beto Junqueyra precisava contar sua experiência, ministrando palestras e participando de entrevistas.

Ele dá seu depoimento: "Foi através da Numerologia que aprendi a superar minhas fragilidades e a aproveitar o meu potencial. Hoje, com um Nome de Realização 3, atraí a energia da comunicação, o que me tem ajudado bastante a me expressar melhor. De fato, venho ministrando palestras, interagindo com jovens e contando sobre o processo criativo e a força da língua portuguesa nos quatro cantos do mundo. Fico orgulhoso em poder transmitir de forma descontraída as mensagens que incorporo às minhas obras. O livro *Os Natos* tem sido adotado por dezenas de escolas de todo o país, levando milhares de jovens, outrora avessos à leitura, a tomarem gosto pela literatura."

PARA MAIS INFORMAÇÕES SOBRE NUMEROLOGIA, ACESSE O SITE DE APARECIDA LIBERATO:

WWW.APARECIDALIBERATO.COM.BR

CONHEÇA OUTROS TÍTULOS
DA EDITORA SEXTANTE

JAMES C. HUNTER
O MONGE E O EXECUTIVO

John Daily é um executivo bem-sucedido que, de repente, percebe que vem fracassando como chefe, marido e pai. Em busca de um novo caminho para sua vida, ele decide participar por uma semana de um retiro num mosteiro beneditino.

Lá encontra Leonard Hoffman, um dos mais influentes e bem-sucedidos empresários americanos, que resolveu largar tudo para ir em busca da verdadeira essência da vida. Nesse livro extremamente envolvente, você vai aprender, junto com John Daily, princípios de liderança fundamentais para construir uma carreira de sucesso e uma vida em plena harmonia com as pessoas à sua volta.

HUGH PRATHER
NÃO LEVE A VIDA TÃO A SÉRIO

A vida não precisa ser tão complicada quanto insistimos em torná-la. A simples decisão de não se agarrar aos problemas pode melhorar – e muito – nossas vidas. É isso o que Hugh Prather nos mostra, com humor e clareza, nesse livro.

Ele escreve sobre as dificuldades do dia-a-dia e nos dá ferramentas para contorná-las, mudando o que há de mais importante na vida: nossa atitude mental e a forma de reagir aos inevitáveis contratempos.

Seus ensinamentos são baseados em histórias reais que nos deixam com a sensação de já ter passado por aquela situação ou testemunhado algo parecido. Você aprenderá soluções práticas para dar um basta às preocupações e ao medo e se libertar de tudo aquilo que impede sua felicidade.

MARK W. BAKER
JESUS, O MAIOR PSICÓLOGO QUE JÁ EXISTIU

Jesus, o maior psicólogo que já existiu faz uma abordagem original da relação entre ciência e religião, ligando os principais ensinamentos de Jesus às descobertas recentes da psicologia. Com base em sua experiência como terapeuta e no seu profundo conhecimento da Bíblia, Mark Baker demonstra por que a mensagem de Cristo é perfeitamente compatível com os princípios da psicologia.

Em uma linguagem simples e cativante, ele mostra que, seja qual for a nossa crença religiosa ou filosofia de vida, todos podemos nos beneficiar da sabedoria daquele que, como diz o autor, foi o maior psicólogo de todos os tempos.

AUGUSTO CURY
PAIS BRILHANTES, PROFESSORES FASCINANTES

Formar crianças e adolescentes sociáveis, felizes, livres e empreendedores é um belo desafio nos dias de hoje. A solidão nunca foi tão intensa: os pais escondem seus sentimentos dos filhos, os filhos escondem suas lágrimas dos pais, os professores se ocultam atrás do giz. A quem interessa esse livro? Aos pais, aos professores da pré-escola, do ensino fundamental, médio e universitário, aos psicólogos, aos profissionais de recursos humanos, aos jovens e a todos os que desejam conhecer alguns segredos da personalidade e enriquecer suas relações sociais.

Pais brilhantes, professores fascinantes é um ótimo exemplo do talento de Augusto Cury: um livro cheio de valiosas contribuições para a auto-estima e desenvolvimento das pessoas.

INFORMAÇÕES SOBRE
OS PRÓXIMOS LANÇAMENTOS

Para receber informações sobre os lançamentos da
EDITORA SEXTANTE, basta enviar um e-mail para
atendimento@esextante.com.br,
ou cadastrar-se diretamente no site
www.sextante.com.br

Para saber mais sobre nossos títulos e autores, e enviar
seus comentários sobre este livro, visite o nosso site:
www.sextante.com.br

EDITORA SEXTANTE
Rua Voluntários da Pátria, 45 / 1.404 — Botafogo
Rio de Janeiro — RJ — 22270-000 — Brasil
Tel.: (21) 2286-9944 — Fax: (21) 2286-9244
E-mail: atendimento@esextante.com.br